별이 된 라이카

과학동화

별이 된 라이카

글 박병철 | 그림 신슬기 | 기획 고래방 최지은

초판 1쇄 펴낸날 2018년 12월 27일 | 초판 7쇄 펴낸날 2024년 6월 4일
편집장 한해숙 | 편집 신경아 | 디자인 최성수, 이이환
마케팅 박영준, 한지훈 | 홍보 정보영, 박소현 | 경영지원 김효순
펴낸이 조은희 | 펴낸곳 ㈜한솔수북 | 출판 등록 제2013-000276호 | 주소 03996 서울시 마포구 월드컵로 96 영훈빌딩 5층
전화 02-2001-5823(편집), 02-2001-5828(영업) | 전송 0303-3440-0108 | 전자우편 isoobook@eduhansol.co.kr
블로그 blog.naver.com/hsoobook | 인스타그램 soobook2 | 페이스북 soobook2
ISBN 979-11-7028-271-6 74810   ISBN 979-11-7028-270-9 (세트)

어린이제품안전특별법에 의한 제품 표시
품명 도서 | 사용연령 만 8세 이상 | 제조국 대한민국 | 제조자명 ㈜한솔수북 | 제조년월 2024년 6월

ⓒ 2018 박병철, 신슬기
※ 저작권법으로 보호받는 저작물이므로 저작권자의 서면 동의 없이 다른 곳에 옮겨 싣거나 베껴 쓸 수 없으며 전산장치에 저장할 수 없습니다.
※ 값은 뒤표지에 있습니다.

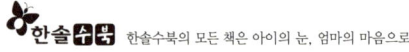 한솔수북의 모든 책은 아이의 눈, 엄마의 마음으로 만듭니다.

별이 된 라이카

박병철 글 · 신슬기 그림

 들어가는 말

　전쟁…… 그것은 생각만 해도 끔찍한 단어입니다. 전쟁이 일어나면 수많은 사람이 죽거나 다치고, 오랜 세월 동안 애써 지어 놓은 아름다운 도시도 순식간에 잿더미가 됩니다.
　그러나 총이나 대포를 쏘지 않으면서 조용하게 진행되는 전쟁도 있습니다. 두 나라가 서로 상대방을 적으로 간주하고 있지만, 막상 전쟁을 치르기가 부담스러울 때에는 "내가 너보다 훨씬 강하니까 나와 싸울 생각은 아예 하지도 마라."는 경고 메시지를 상대방에게 전달하기 위해 수많은 군인을 훈련시키고, 당장 필요하지도 않은 무기를 잔뜩 만들어서 창고에 쌓아 놓습니다. 자기네 나라의 과학이 상대방보다 뛰어나다는 것을 증명하기 위해 아직 불완전한 기술을 총동원하여 최첨단 실험을 무리하게 진행시키기도 합니다. 겉으로는 서로 평화를 사랑하는 척하지만, 속으로는 상대방을 믿지 못해서 언제나 불안합니다.

한 나라의 기초가 되는 정치, 경제, 사회, 문화, 그리고 과학……
이 모든 분야에서 상대방 나라보다 앞서가야 한다는 한 가지 생각에 사로잡혀 안으로는 국민들을 다그치고, 밖으로는 사실을 과장합니다. 이런 식으로 두 나라 사이에 조용하면서도 치열하게 벌어지는 경쟁을 '차가운 전쟁(Cold War)' 또는 '냉전(冷戰)'이라고 합니다.

2차 세계대전이 끝난 1945년부터 소련(소비에트연방)이 여러 개의 작은 나라로 갈라진 1991년까지, 민주주의를 대표하는 미국과 공산주의 종주국이었던 소련이 바로 이런 관계였습니다. 이 기간 동안 두 나라는 지구 전체를 몇 번이나 파괴하고도 남을 만큼 많은 폭탄을 갖고 있었으며, 이 폭탄을 지구 반대편까지 쏘아 보내는 미사일을 개발하여 온 세상 사람들을 불안하게 만들었습니다.

미사일은 용도가 다양하여, 폭탄을 싣고 날아가면 끔찍한 무기가 되지만 폭탄 대신 인공위성을 싣고 하늘로 쏘아 올리면 우주로켓이 됩니다. 그래서 미국과 소련은 우주개발이라는 명목 아래 인공위성을 쏘아 올리는 데 모든 국력을 쏟아부었습니다. 위성 발사에 성공하면 "우리는 인공위성을 우주로 쏘아 올릴 정도로 과학이 발달했다."는 사실을 자랑할 수도 있고, "우리가 마음만 먹으면 로켓에 폭탄을 실어서 너희를 공격할 수 있다."며 상대방을 위협하는 효과도 있었습니다.

 냉전이 치열하게 진행되던 1950년대에 미국과 소련은 우주에서 사람이 생존할 수 있는지 확인하기 위해, 실험용 우주선에 동물을 실어서 우주로 날려 보냈습니다. 이때 미국에서는 실험 대상으로 원숭이가 사용되었고 소련에서는 주로 개들이 그 역할을 맡았습니다. 원숭이와 개가 사람보다 먼저 우주로 갔던 것입니다.

 이 냉전의 한복판에서 과도한 우주로켓 개발의 희생양이 되었던 개 한 마리가 있었습니다.

 소련의 모스크바에서 태어난 그 개는 좋은 혈통을 물려받지 못했고 별로 예쁘게 생기지도 않았으며 주인의 사랑을 맘껏 받아 보지도 못했습니다. 그러나 그 개는 이 세상의 어떤 고통도 참을 줄 알았고, 자신을 사랑해 준 사람을 끝까지 잊지 않았습니다.

 어쩌다가 우주개발 계획에 발탁되어 상상할 수 없이 괴로운 훈련을 받으면서도 어찌된 영문인지 그 모든 과정을 이를 악물고 참아 내던 녀석. 혹독한 훈련을 끝까지 견뎌 냈다는 이유로 되돌아오지 못할 로켓에 실려 우주로 날아가 별이 되어 버린 녀석…… 사람들은 그 특별한 개를 '라이카'라는 이름으로 기억하고 있지만, 원래는 평범한 가정에서 태어나 주인의 사랑을 듬뿍 받으며 자랐던 '쿠드랴프카'라는 강아지였습니다.

차례

들어가는 말 · 4

작고 약한 강아지, 쿠드랴프카 · 10

조련사 야코프 · 21

혹독한 훈련 · 36

세계 최초의 인공위성, 스푸트니크 1호 · 58

피할 수 없는 운명 · 74

세상에서 가장 크고 장엄한 이별 · 100

라이카의 별 · 117

나가는 말 · 124

부록 : 별이 된 우주개들의 역사 · 127

작고 약한 강아지, 쿠드랴프카

1954년 3월

모스크바의 겨울은 살을 에는 듯이 춥습니다. 이제 막 학교에서 돌아온 나탈리아는 입에서 연신 김을 내뿜으며 다급하게 말했습니다.

"엄마! 리시치카는 좀 어때요? 아가들은요?"

"아직 창고에 있단다. 아침에 따뜻한 우유를 줬는데 입맛이 없는지 잘 안 먹더구나. 새끼들도 잘 있는지 네가 가서 한 번 보고 오렴."

"네, 엄마. 오늘은 아가들에게 이름을 지어 줘야겠어요. 근데 이름을 한꺼번에 일곱 개나 생각해 내려니까 머리가 아파요. 무슨 좋은 이름 없을까요?"

엄마는 잠시 생각에 잠겼다가 조심스럽게 말했습니다.

"나탈리아, 강아지들 이름을 굳이 네가 지을 필요는 없단다."

"왜요? 아가들을 서로 구별하려면 이름이 있어야 하잖아요."

"두 달 후에 이사할 아파트에서는 개를 키우지 못한다고 했잖니. 그러니까 어미젖을 떼고 나면 다른 사람들한테 나눠 줘야 해. 아가들 이름은 그때 새 주인이 지어 줄 거야."

나탈리아는 크게 실망한 듯 이맛살을 찌푸리며 창고로 달려갔습니다. 창고 한구석에 임시로 마련한 거처에는 어미 개 리시치카가 옆으로 길게 누워 있고, 갓 태어난 새끼들이 정신없이 어미젖을 빨고 있었습니다.

"아가들아, 잘 있었니? 아직 눈도 못 떴는데 젖은 참 잘도 먹는구나."

그런데 강아지들을 세어 보니 여섯 마리밖에 보이지 않았습니다.

"어? 한 마리가 어디 갔지?"

나탈리아가 걱정스러운 표정으로 담요 주변을 뒤지고 있는데,

 강아지들 밑에서 무언가가 꿈틀거리는 것 같았습니다. 손을 내밀어 아래쪽을 더듬어 보니 아니나 다를까, 제일 작은 강아지가 다른 형제들 밑에 깔려 버둥거리고 있었지요. 나탈리아는 그 조그만 강아지를 양손으로 들어 안았습니다.

 "쯧쯧, 언니 오빠들한테 깔려서 젖도 못 먹었구나. 근데 넌 참 특이하게 생겼다. 다른 아가들은 다 얼룩이인데 넌 어째서 몸은 하얗고 얼굴만 온통 갈색이니? 잉크 통에 얼굴만 담갔다가 꺼낸 것 같아. 게다가 얼굴 한복판에 하얀 줄까지 나 있고, 꼬리는 달팽이 집처럼 돌돌 말려 있네?"

나탈리아가 어미 개의 젖 앞에 자리를 잡아 주었지만 그 녀석은 기를 쓰고 버둥대더니 기어이 다른 강아지들 밑으로 숨어 버렸습니다.

"하하, 넌 생긴 것도 특이하고 하는 짓도 참 유별나구나! 아가들 이름은 새 주인이 지어 주는 거라고 엄마가 말했지만, 네 이름은 특별히 내가 지어 줄게. 털이 곱슬거리고 몸집이 작으니까 '쿠드랴프카(작은 곱슬머리)'가 좋겠다. 어때? 너도 맘에 드니?"

제일 먼저 이름이 생긴 쿠드랴프카는 눈도 뜨지 못한 채 혓바닥을 작게 날름거리고 있었습니다.

"앞으로 네 우유는 내가 먹여 줘야겠다. 그렇지 않으면 너는 먹성 좋은 언니 오빠들 틈바구니에서 아무것도 먹지 못할 거야."

그날 이후로 쿠드랴프카에게 우유를 먹이는 것이 나탈리아의 중요한 일과가 되었습니다. 눈도 뜨지 못했던 아가들은 하루가 다르게 귀여운 강아지로 변해 갔고, 가장 먹성이 좋은 흰둥이는 정말 빨리 크는 것 같았습니다. 그러나 우유를 아무리 먹여도 쿠드랴프카의 몸집은 흰둥이의 절반밖에 되지 않았습니다.

1954년 4월

일요일 아침, 늦잠을 자고 일어난 나탈리아에게 엄마가 걱정스러운 표정으로 말했습니다.

"얘, 아침부터 쿠드랴프카가 보이질 않는구나. 창고랑 집 근처를 다 찾아봤는데, 대체 어디 있는지 모르겠다."

그런데 나탈리아는 씨익 웃으며 여유 있는 표정을 지었습니다.

"걱정 마세요. 난 어디 있는지 알아요. 쿠드랴프카가 며칠 전부터 새집을 찾았거든요."

나탈리아는 엄마와 함께 창고로 갔습니다. 강아지들이 젖니가 나면서 물건을 닥치는 대로 물어뜯는 바람에 창고 안은 온통 개 이빨 자국 투성이입니다. 그런데 나탈리아가 들어서자 구석에 쓰러져 있는 장화 한 켤레가 혼자서 꿈틀거리기 시작했습니다. 나탈리아는 엄마를 향해 빙긋이 웃으며 손가락으로 그쪽을 가리켰습니다. 가까이 가서 장화 입구를 들여다보니 쿠드랴프카의 조그만 엉덩이가 밖으로 나오려고 안간힘을 쓰고 있었지요.

"저런, 잘못해서 장화 속에 끼었구나. 어쩌다가 저런 곳에 들어갔지?"

"아니에요, 엄마. 저건 쿠드랴프카의 집이에요. 내가 없을 땐 항상 저기 들어가 있는걸요."

"아니, 저렇게 갑갑하고 어두운 곳에?"

"쿠드랴프카는 좁고 어두운 곳을 좋아해요. 갓난아기 때부터 그랬거든요. 쟤는 아직도 엄마 뱃속이 그리운가 봐. 하하."

어렵게 장화를 빠져나온 쿠드랴프카는 나탈리아에게 달려와 펄쩍펄쩍 뛰었습니다. 아무래도 우유를 주는 나탈리아를 엄마라고 생각하는 것 같습니다.

1954년 5월

나탈리아의 집이 이른 새벽부터 시끌벅적합니다. 오늘은 나탈리아네 가족이 새 아파트로 이사하는 날이기 때문입니다. 짐꾼들은 무거운 짐을 나르고, 가족들은 각자 중요한 물건을 챙겨서 트럭에 실었습니다. 나탈리아도 평소 아끼던 인형과 책을 정리하고 있는데, 엄마가 다가와 말했습니다.

"쓰레기차가 곧 떠난다고 하니까, 너도 버릴 것이 있으면 빨리 내놓으렴."

"내 물건은 버릴 게 없어요, 엄마. 다 가져갈 거예요."

"애도 참, 그럼 창고에 쌓아 둔 네 옛날 물건들은 어떡할래? 그것도 다 가져갈 거야?"

"아차! 깜빡 잊었네. 금방 가서 가져올게요."

나탈리아는 창고로 달려가 먼지가 뿌옇게 쌓여 있는 상자를 열었습니다. 그 안에는 갓난아기 때부터 갖고 놀던 장난감과 온갖 잡동사니들이 가득 들어 있었지요. 나탈리아가 잠시 옛날 생각을 하며 감상에 빠져 있는데, 밖에서 쓰레기차가 출발하는 소리가 요란하게 들려왔습니다. 바로 그때, 나탈리아의 가슴이 철렁 내려앉았습니다. 새벽부터 바쁘게 돌아다니느라 쿠드랴프카를 잊고 있었던 것입니다. 눈을 부릅뜨고 창고 안을 이리저리 뒤졌지만 쿠드랴프카도, 장화도 보이지 않았습니다. 불안해진 나탈리아는 밖으로 뛰어나왔습니다.

"엄마! 쿠드랴프카가 없어졌어요! 장화도 없고요! 엄마가 따로 치웠어요?"

"아니. 아까 짐꾼들이 창고를 정리하면서 낡은 물건들을 다 버렸는데, 그때 장화도 함께 버린 것 같구나. 쿠드랴프카는 이 근처에 있을 테니 빨리 데려오렴. 이제 곧 출발해야 하니까."

나탈리아는 집 근처를 샅샅이 뒤지기 시작했습니다. 좁고 어두운 곳은 물론이고, 집 밖 골목길을 따라 큰길까지 나가 보았지만 쿠드랴프카의 모습은 어디에도 보이지 않았습니다. 그때 문득 장화 속에 쿠드랴프카가 들어 있었을지도 모른다는 생각이 들어서, 쓰레기차가 지나간 도로를 따라 있는 힘을 다해 뛰었습니다. 그러나 큰길에는 다른 자동차들이 바쁘게 달리고 있을 뿐, 쓰레기차가 어디로 갔는지는 알 길이 없었습니다.

나탈리아가 눈물범벅이 되어 집으로 돌아오자 엄마가 깜짝 놀랐습니다.

"얘, 무슨 일이니? 왜 그래?"

"쿠드랴프카가 없어요! 장화 속에 있었을 거예요! 쓰레기차에 실려 간 거예요. 빨리 가서 데려와야 해요!"

나탈리아는 울먹이면서 발을 동동 굴렀지만, 짐꾼들은 시간이 늦어서 빨리 출발해야 한다고 재촉했습니다. 엄마는 한숨을 내쉬며 나탈리아를 달랬습니다.

"일단은 새 아파트로 갔다가 나중에 찾아보자꾸나. 쿠드랴프카가 장화 속에 있었는지도 확실치 않고, 지금 당장은 쓰레기차가 어디로 갔는지 알 수도 없잖니."

"안 돼요! 지금 가야 해요! 그 애는 내가 없으면 아무것도 못 한단 말이에요!"

그러자 짐꾼들 중 한 사람이 불만스러운 듯 큰 소리로 외쳤습니다.

"빨리 갑시다! 오늘 우리가 이삿짐을 날라야 할 집이 세 군데나

된단 말입니다!"

나탈리아는 어쩔 수 없이 트럭에 올라탔습니다. 창밖으로 얼굴을 내민 채 애타는 마음으로 주변을 다시 한 번 둘러보았지만 쿠드랴프카는 끝내 보이지 않았지요. 엄마는 굵은 눈물을 뚝뚝 흘리는 나탈리아를 끌어안으며 말했습니다.

"나탈리아, 새 아파트에서는 개를 못 키우잖니? 우리가 못 찾더라도 쿠드랴프카는 새 주인을 만나서 잘 살 거야."

"아니에요. 다른 강아지들은 이웃 사람들이 다 데려갔는데, 쿠

드랴프카만 혼자 남았잖아요. 그 애는 못생기고 겁이 많아서 아무도 예뻐하지 않을 거예요. 제일 먼저 쿠드랴프카부터 챙겼어야 했는데, 다 내 잘못이에요. 어쩌면 좋아."

어느덧 트럭은 골목길을 빠져나와 큰길로 접어들었고, 정들었던 집도 더 이상 보이지 않았습니다. 나탈리아는 하염없이 울면서 가방 속에서 종이 한 장을 꺼내 들었습니다. 거기에는 자신이 그토록 사랑했던 강아지, 쿠드랴프카가 그려져 있었지요.

"미안해, 쿠드랴프카. 힘들더라도 조금만 참아. 내가 꼭 찾으러 갈게. 예쁜 장화도 새로 마련해 주고 맛있는 것도 많이 줄게. 그러니까 더 멀리 가지 말고 조금만 기다려, 응?"

나탈리아의 눈물이 종이 위로 떨어지면서 물감이 서서히 번지고 있었습니다.

조련사 야코프

1956년 6월, 모스크바 항공 의학 연구소

"잔인한 사람들 같으니! 우리가 애써 훈련시킨 개를 그렇게 쓰다 버릴 소모품처럼 취급해도 되는 거예요?"

항공 의학 연구소*의 수석 수의사 엘레나 알렉산드로브나가 흥분을 감추지 못하고 소리치자, 연구팀장인 블라디미르 야즈도프스키 박사가 조용히 타일렀습니다.

~~~~~~~~~~~~~~~~

항공 의학 연구소
사람을 태운 비행기나 우주선이 높은 곳에 올라갔을 때 사람의 몸에 나타나는 변화를 연구하는 곳. 로켓 설계국에서는 항공 의학 연구소에서 얻은 자료에 기초하여 생명 유지 장치 등 우주로켓에 필요한 시설을 제작합니다.

"엘레나, 말조심해요. 여기서 훈련 중인 개*들은 우주로켓* 설계국의 소유라는 걸 잘 알지 않소. 개를 어떤 용도에 사용할 지는 그 사람들이 결정할 문제인 거요."

"하지만 알비나의 상태를 좀 보세요. 여기서 나갈 때만 해도 아주 건강했는데, 거의 초주검이 돼서 돌아왔잖아요. 우리가 열심히 돌보면 뭐해요? 그 사람들이 이 지경으로 만들어 놓는데……."

"알비나는 로켓을 타고 100킬로미터가 넘는 상공으로 세 번이나 날아갔다가 살아서 돌아온 베테랑이라오. 이 세상 누구보다 높은 곳을 구경하고 온 녀석이지. 지금은 비행 후유증 때문에 상태가 안 좋아 보이지만, 며칠 지나면 괜찮아질 거요."

"알아요. 앞으로 그보다 더 높이 날아가면 돌아오지 못하는 개

~~~~~~~~~~~~~~~~~

우주로켓
로켓엔진의 추진력으로 날아가는 비행체를 '로켓(rocket)'이라 하고, 목적지가 지구가 아닌 우주인 경우에는 '우주로켓'이라고 합니다. 우주로 가는 비행체는 모두 로켓엔진이 달려 있기 때문에, 로켓이라는 단어를 생략하고 간단하게 '우주선'으로 부르기도 합니다.
우주선 개발을 담당하는 전문연구소를 우주로켓 설계국이라고 합니다. 당시 소련은 중앙 설계국, 기계제조 설계국, 실험 설계국 등 다양한 설계국을 설립하여 과학 발전을 이끌었는데, 로켓 설계국도 그중 하나였습니다.

훈련 중인 개
당시 소련의 과학자들은 사람이 우주에 나갔을 때 몸에 어떤 변화가 생기는지 미리 알아보기 위해 실험용 우주선에 개를 태워 보냈습니다. 이 개들은 우주선에 타기 전에 항공 의학 연구소에서 우주적응 훈련을 받았는데, 훈련에 선발된 개들 중 실제로 우주선에 탄 개는 극히 일부에 불과합니다.

들이 생긴다는 것도 알고 있고요."

"여기 있는 개들에게 너무 많은 정을 쏟지 마시오. 개들을 관리하는 게 당신의 임무이긴 하지만, 여긴 유기견 보호소가 아니라는 걸 명심해요. 지금 NII-88(소련 과학연구소-88)*의 과학자들은 알비나가 살아 돌아왔다며 완전히 축제 분위기라오. 조금 있으면 우주에 사람도 보낼 수 있다고 자신만만하더군. 나는 우리 개들이 그 선봉에 서서 당과 조국을 위해 일한다는 사실이 자랑스럽소. 임무가 중요한 만큼 약간의 희생은 감수해야 하는 거요."

"네, 잘 알고 있어요. 하지만 아무것도 모르는 개들을 대할 때마다 안타까운 마음이 드는 것도 사실이에요."

"자, 자, 그만하고 새로 온 조련사나 만나 보시오. 군견 훈련소에서 파견된 야코프라는 청년인데, 당신 연구실에서 기다리고 있을 거요. 이력서를 보니 근무 성적도 뛰어나고 충성심도 대단한 청년이더군. 우리 개들을 관리하는 데 꼭 필요한 사람이니 잘 지

NII-88(소련 과학연구소-88)
1946년에 설립된 소련의 로켓·우주선 연구소. 우주선의 설계부터 실험 비행에 이르기까지 모든 과정을 전문적으로 연구하는 기관입니다. 냉전 시대에 전 세계를 공포로 몰아넣었던 장거리 탄도미사일도 이곳에서 개발했습니다.

도해 주기 바라오."

"네, 박사님. 개에 대해 누구보다 잘 알면서 개를 별로 사랑하지 않는 냉철한 사람이겠지요. 이만 가 볼게요."

엘레나는 쓸쓸한 표정으로 서류를 챙겨 들고 자신의 연구실로 돌아왔습니다. 한쪽 벽을 가득 채우고 있는 개 우리 속에는 비행을 마치고 조금 전에 돌아온 알비나가 납작 엎드린 채 거친 숨을 몰아쉬고 있었지요. 엘레나는 알비나를 꺼내 책상 위에 올려놓았습니다.

"알비나, 고생 많았지? 앞으로 당분간은 우주에 안 가도 되니까 마음 놓고 푹 쉬어."

엘레나가 안타까운 마음으로 알비나를 쓰다듬고 돌아와 앉았는데, 문밖에서 비쩍 마르고 창백한 얼굴의 청년이 기웃거리며 말을 건네 왔습니다.

"저 혹시…… 수석 수의사 엘레나 박사님이십니까?"

"그렇습니다만, 누구시죠?"

청년은 활짝 웃으며 연구실로 들어왔습니다. 그러자 우리 안에 누워 있던 개들이 벌떡 일어나 일제히 짖기 시작했습니다.

"멍, 멍, 멍!"

"처음 뵙겠습니다. 야코프 알렉세예비치라고 합니다."

청년의 목소리는 개 짖는 소리에 묻혀서 잘 들리지 않았습니다.

"뭐라고요?"

청년은 엘레나의 코앞까지 얼굴을 들이밀고 큰 소리로 외쳤습니다.

"야코프 알렉세예비치라고요!"

엘레나는 깜짝 놀라 뒤로 물러앉았습니다. 우리 안의 개들은 대화를 나눌 수 없을 정도로 크게 짖어 대고 있었습니다. 그런데 청년이 갑자기 우리 쪽으로 뚜벅뚜벅 걸어가 개들을 노려보자 하나둘씩 얌전해지기 시작했습니다. 마치 무슨 마술을 부리는 것 같았지요. 잠시 후 방은 다시 조용해졌습니다.

"당신이 새로 온 조련사로군요. 야즈도프스키 박사님께 얘기 들었어요."

"네, 군견 훈련소에서 파견되었습니다. 잘 부탁드립니다."

엘레나는 말끝마다 이유도 없이 싱글싱글 웃는 야코프가 별로 마음에 들지 않았습니다.

"사전 교육을 통해 들었겠지만 이곳은 국가 기밀을 다루는 곳이에요. 저 개들은 모두 국가 재산이고요. 당신이 있던 곳에서는 어땠는지 모르겠지만, 여기서는 계획대로 움직이는 게 가장 중요해요. 상관의 명령에 복종하는 건 물론이고요."

"잘 알고 있습니다. 그런데 여긴 왜 덩치가 작은 암놈들만 있습니까?"

야코프는 연신 싱글거리고 있었습니다.

"큰 개와 수놈들은 연구 목적상 적절치 않기 때문이에요. 그 이상은 알려고 하지 마세요. 당신은 시키는 일만 잘하면 돼요. 교육관들이 그런 건 가르쳐 주지 않던가요?"

엘레나가 무뚝뚝하게 말하자 야코프의 얼굴에서 미소가 사라졌습니다.

"아, 네······. 죄송합니다."

"여기서는 사소한 실수도 연구 일정에 큰 지장을 주기 때문에 항상 신중해야 해요. 연구 내용이 외부로 새어 나가지 않도록 단속도 해야 하고요."

야코프는 말없이 고개만 끄덕였습니다. 엘레나는 새로 온 부하 직원을 너무 퉁명스럽게 대한 것 같아 살짝 미안한 마음이 들었습니다.

"그런데 개들을 제법 잘 다루는군요. 저 아이들은 한번 짖기 시작하면 진정시키기 어려운데, 어떻게 한 거예요?"

야코프는 똑바로 서서 경직된 목소리로 대답했습니다.

"네, 수의사님! 그건 조련사들마다 방법이 조금씩 다릅니다. 조련사들 중에는 개들을 위협해서 억지로 말을 듣게 만드는 사람도 있지만, 저는 개들이 제게 친밀감을 느끼도록 유도하는 편입니다."

엘레나는 빙긋이 웃으며 야코프에게 서류 뭉치를 건네주었습니다.

"이건 당신이 담당할 개들의 신상 명세와 훈련 일정표니까 빠짐없이 읽어 보세요. 그리고 지금 곧 선임 조련사 이바노비치를 만나 보세요. 당신에게 할 일을 가르쳐 줄 거예요. 저는 회의가 있어서 이만 가 볼게요."

엘레나가 밖으로 나가자 야코프는 개들을 바라보며 중얼거렸습니다.

"수의사님이 좀 깐깐하네. 너희들이 보기에도 그렇지? 하지만 상관없어. 모든 사람들이 부러워하는 항공 의학 연구소에서 일하게 됐잖아! 여기서 높은 분들에게 인정받으면 훈련소로 돌아가 군견담당 하사관으로 진급할 거고, 잘하면 장교가 될 수도 있을 거야."

바로 그때 문밖에서 중년 남자의 굵직한 목소리가 들려왔습니다.

"자네가 새로 온 조련사 야코프인가? 난 선임 조련사 이바노비치일세. 같이 할 일이 있으니 나를 따라오게."

"네? 저는 방금 왔는데요? 그리고 아직 훈련 일정표도 읽지 않았는데……."

"젊은 친구가 말이 많구먼. 잔말 말고 따라오라니까!"

야코프는 영문도 모른 채 밖으로 따라나섰습니다. 이바노비치는 뒷마당에 세워 둔 트럭에 올라 시동을 걸며 야코프에게 타라고 손짓했습니다.

"지금 우리는 유기견 수용소로 갈 걸세. 그곳에서 개 세 마리를 골라 연구소로 데려오라는 명령을 받았어."

"그래서 트럭 짐칸에 개 우리가 실려 있는 거군요. 어떤 개를 골라야 합니까?"

"그건 내가 알아서 할 테니까 자넨 개들이 도망가지 않도록 잘 지켜보기만 하면 돼."

두 사람을 태운 트럭은 한참을 달린 끝에 개 짖는 소리가 요란하게 들려오는 창고 앞에 도착했습니다. 안으로 들어가 보니 주인 없이 떠돌다가 잡혀 온 수십 마리의 개들이 우리 안에서 열심히 짖고 있었지요.

이바노비치는 관리인과 잠시 얘기를 나눈 후 개들을 훑어보기 시작했습니다.

"어디 보자, 이 녀석은 너무 말랐고, 저놈은 체격은 좋은데 수놈이라 안 되겠고……."

야코프도 한쪽 구석에서 우리를 둘러보다가 어떤 작은 개와 눈길이 마주쳤습니다. 그 개는 체형에 비해 목이 꽤 긴 편이었고, 털이 짧아서 몸집이 더욱 작아 보였습니다.

"여기 이 녀석은 어때요? 생긴 꼴은 우습지만 몸 상태는 괜찮은 것 같은데요?"

"자네가 뭘 안다고 그러나? 이건 내가 할 일이니 끼어들지 말게!"

야코프는 무시당한 기분이 들어 퉁명스럽게 말했습니다.

"작고 얌전한 암놈이 필요하다는 것쯤은 저도 알고 있습니다. 저도 오늘부터 항공 의학 연구소의 조련사라고요!"

"그 친구, 참. 그럼 어디 한번 보세. 사모예드랑 테리어의 잡종 같은데, 정말 볼품은 없게 생겼구먼."

"그래요. 꼭 수채통에 얼굴만 담갔다가 방금 꺼낸 것 같네요. 꼬리는 누가 강제로 감아 놓은 것처럼 돌돌 말려 있고……. 그래도 이

정도면 건강해 보이지 않습니까?"

"그런 것 같군. 난 두 마리를 더 골라야 하니까 자넨 이놈을 짐칸에 있는 우리에 집어넣고 밖에서 기다리게."

야코프가 방금 고른 못생긴 개를 우리에서 꺼내 들자 몸부림을 치며 짖어 대기 시작했습니다.

"멍! 멍!"

"이 녀석아, 널 해치려는 게 아니야. 더 좋은 곳에 데려가 줄 테니 얌전히 있어."
야코프는 개를 끌어안고 트럭이 있는 곳으로 갔습니다. 그런데 한 손으로 개를 안은 채 다른 한 손으로 짐칸을 열려다가 그만 개를 놓치고 말았습니다.
"어, 어, 안 돼! 이리 와!"
개는 쏜살같이 내달려 골목 안으로 사라졌고, 야코프도 있

는 힘을 다해 쫓아갔습니다. 골목 안쪽은 시장이었는데, 장사꾼들과 손님들이 하도 북적거려서 정신이 하나도 없었습니다. 야코프는 좁은 시장 길을 내달리며 다급하게 소리쳤습니다.

"이 녀석아, 거기 서지 못해? 누가 저 개 좀 잡아 줘요!"

몇몇 사람들이 길을 막아섰지만 개는 가랑이 사이로 잽싸게 빠져나갔습니다. 이런 식으로 한동안 추격전을 벌이다가 막다른 골목에 이르자 개는 필사적으로 짖어 댔습니다.

"멍! 멍, 멍!"

야코프는 이럴 때 어떻게 해야 하는지 군견 훈련소에서 배운 적이 있습니다. 팔과 다리를 크게 흔들지 말고 개의 눈을 바라보며 해칠 마음이 없다는 것을 마음으로 전달해야 합니다.

"헉, 헉, 이제 그만하자. 난 네 편이야! 너 때문에 첫날부터 망신당하게 생겼어. 제발 나 좀 살려 주라, 응?"

야코프의 작전이 먹혀들었는지, 아니면 스스로 체념을 했는지, 개는 바닥에 주저앉더니 뒷발로 목덜미를 긁기 시작했습니다. 뒷골목 추격전에서 야코프가 어렵게 승리를 거둔 것입니다.

연구소로 돌아온 야코프는 데려온 개들을 빈 우리에 집어넣었습니다. 다른 두 마리는 얌전한 편이었는데, 문제의 그 개는 아직도 짖어 대고 있었지요. 그때 엘레나가 나타나 말했습니다.

"수고 많았어요. 그 개 때문에 첫날부터 고생했다면서요?"

"아, 네. 약간의 문제가 있었지만 제가 해결했습니다."

엘레나가 피식 웃었습니다.

"그 문제도 당신 때문에 생겼다고 들었는데요?"

야코프는 창피한 마음이 들어 화제를 돌렸습니다.

"새로 데려온 개들의 이름을 지어 줘야겠지요? 이름은 어떻게 정하는 겁니까?"

"우선 건강 검진부터 하고 몇 가지 테스트를 해 봐야죠. 보통 이름은 그 후에 짓는데, 그 개는 당신이 고르고 놓쳤다가 다시 잡아 왔으니까 당신이 직접 지어 주세요. 후후."

엘레나가 싱글벙글 웃으며 나간 후에도 그 개는 여전히 겁에 질린 표정으로 열심히 짖고 있었습니다.

"이제 그만 좀 짖어라. 넌 지치지도 않니?"

"멍! 멍멍, 멍!"

"그래, 너 같은 녀석한테 딱 맞는 이름이 있지. 자꾸 짖으면 그 이름으로 부를 거야!"

"멍! 멍멍, 멍!"

야코프는 잠시 생각에 잠겼다가 우리 문에 걸려 있는 빈 이름표에 다음과 같이 적어 넣었습니다.

라-이-카

그것은 '짖는 개' 또는 '멍멍이'라는 뜻이었습니다.

혹독한 훈련

1956년 7월

연구소에 온 지 한 달이 지난 어느 날, 야코프는 야즈도프스키 박사와 엘레나 등 연구소의 여러 과학자들이 보는 앞에서 개들의 상태를 설명하고 있었습니다.

"알비나는 왼쪽 앞다리 관절에 약간의 통증을 느끼는 것 같습니다."

야즈도프스키 박사가 고개를 끄덕이며 말했습니다.

"성층권* 비행을 세 번이나 했으니 이상 징후가 나타날 만도 하지. 다른 개들은 어떤가?"

"알비나와 단짝인 코즈야프카는 별다른 이상이 없고, 드지호이나도 훈련 성적이 뛰어납니다."

그때 엘레나가 질문을 던졌습니다.

"라이카는 어떤가요? 당신을 워낙 잘 따라서 순종 훈련을 일주일 만에 마쳤다고 하던데, 정말인가요?"

"아, 네. 성질은 온순한데 좀 이상한 버릇이 있습니다."

"무슨 버릇이요?"

"제가 보기에 라이카는 어둡고 좁은 공간을 유난히 좋아하는 것 같습니다. 대부분의 개들은 연구소 뒷마당에 풀어 놓으면 이리저리 뛰어다니는데, 라이카는 환풍기 밑에 숨어서 꼼짝도 하지 않거든요. 이곳에 적응이 덜 된 탓도 있겠지만, 좁은 장소에 대한 거부감이 다른 개들보다 적다는 것만은 확실합니다."

그 말에 야즈도프스키 박사가 관심을 보였습니다.

"그래? 그거 좋구먼. 집중 테스트를 해 볼 만하겠는데? 엘레나,

성층권

지구 표면에서 높이가 약 10~50km인 영역을 성층권이라고 합니다. 태양의 자외선을 흡수해 주는 오존층이 바로 이곳에 있습니다. 1950년대 중반에 소련의 우주선 실험 비행은 대부분이 성층권까지 갔다가 돌아오는 단거리 비행이었습니다. 이곳에는 바람이 세게 불지 않아서 우주선이 잘못될 염려가 거의 없기 때문입니다.

그 녀석을 원심기*에 태워 봅시다. 초과 중력*도 잘 버틴다면 가능성이 있어요."

"벌써요? 다른 개들은 기초 훈련을 3개월 이상 받은 후에 원심기에 들어가잖아요?"

"라이카는 좁은 공간에 적응을 잘 한다지 않소. 그 녀석은 우리가 원하는 자질을 이미 갖추고 있는 것 같아. 지금 당장 해 봅시다. 원심실 연구원들에게 연락해 놓을 테니, 개를 그곳으로 데려가시오."

엘레나와 야코프는 함께 방을 나와 라이카가 있는 곳으로 갔습

~~~~~~~~~~~~~~~~~~~

원심기
원심기는 우주로 나가는 사람이나 개를 위해 특별히 만들어진 훈련 장치입니다. 전체적인 모양은 커다란 모터에 긴 팔 모양의 커다란 쇠막대가 연결되어 있는 형태인데, 쇠막대의 한쪽 끝에는 사람이나 동물이 들어가는 달걀 모양의 캡슐이 달려 있습니다. 쇠막대를 빠르게 회전시키면 원심력이라는 힘이 작용하여 캡슐에 탄 사람이나 동물은 바깥쪽으로 몸이 짓눌리는 듯한 힘을 받게 됩니다. 우주로 가는 로켓 안에서도 이와 비슷한 일이 벌어집니다. 땅 위에 정지해 있던 로켓이 발사되어 점점 속도가 빨라지면 몸이 아래로 짓눌리는 듯한 느낌을 받게 되는데, 이것은 원심기 안에서 받는 느낌과 거의 똑같습니다. 그래서 우주로 가는 사람이나 동물들은 로켓을 타기 전에 원심기를 타고 초과 중력을 버티는 훈련을 받아야 합니다.

초과 중력
우주선이 원하는 고도(높이)까지 올라가려면 발사된 직후부터 점점 빨라져야 합니다(처음부터 빠르게 날아갈 수는 없습니다!). 이런 운동을 '가속운동'이라고 합니다. 우주선이 가속운동을 하면 그 안에 있는 모든 물체에는 아래로 짓누르는 듯한 힘이 작용하는데, 이 힘은 가속도가 클수록 강해집니다. 그래서 우주선에 탄 사람이나 개는 원래 몸무게에 가속운동 때문에 발생한 힘이 더해져서 몸이 아주 무거워집니다. 이것을 초과 중력이라고 하며, 대부분의 경우 자기 몸무게의 7~8배까지 무거워집니다.

니다. 야코프가 다가가자 라이카는 꼬리를 치며 펄펄 뛰었습니다.

"야코프, 당신은 개를 참 잘 다루는군요. 라이카가 당신을 정말 좋아하는 것 같아요."

"주인 없이 길거리 생활을 오래 해서 사람이 그리웠나 봅니다. 그런데 원심기라는 게 뭔가요?"

"이곳에 있는 개들이 때가 되면 받는 훈련 중 하나인데, 자세한 내용은 비밀이라 말하기가 곤란하네요. 아무튼 여기 온 지 한 달 만에 원심기에 들어가는 개는 라이카가 처음이에요. 당신이 관리를 잘 해준 덕분이죠."

야코프는 이 말을 듣고 신이 나서 말했습니다.

"그럼 라이카가 나중에 우주로 가는 겁니까?"

"아니, 그건 어떻게 알았어요?"

야코프는 마치 자신이 우주로 가는 양 기뻐했습니다.

"이바노비치한테 들었습니다. 여기서 뽑힌 놈들이 우주로켓을 타게 된다면서요?"

"그래요. 라이카가 뽑히면 담당 조련사인 당신에게도 좋은 일이 있을 거예요."

"하하, 전 라이카가 해낼 줄 알았습니다. 아주 특별한 녀석이거든요!"

야코프는 라이카를 꺼내 엘레나에게 넘겨주었습니다.

"원심실은 제한 구역이라 당신은 들어갈 수 없어요. 테스트가 끝나면 연락할게요."

야코프는 활짝 웃으며 라이카를 향해 외쳤습니다.

"라이카, 테스트 잘 받고 와! 넌 잘할 수 있어! 파이팅!"

엘레나는 바둥거리는 라이카를 안고 밖으로 나갔습니다.

항공 의학 연구소의 지하실에는 원심기라는 거대한 장치가 설치되어 있습니다. 라이카가 우주로 가려면 이 장치에 타고 빠르게 돌아가는 훈련을 받아야 합니다. 조심스러운 마음으로 원심실에 들어온 엘레나는 데리고 온 라이카를 연구원에게 건네주었습니다. 여기까지는 아무런 문제가 없었지요. 그런데 사람들이 라이카를 원심기 캡슐 안에 넣으려고 하자 라이카가 낑낑대며 버둥거리기 시작했습니다.

"이 녀석, 꽤나 까탈스러운데?"

강제로 캡슐 안에 넣기는 했지만, 라이카가 하도 난리를 쳐서 안전벨트를 맬 수가 없었습니다. 그러다가 연구원 한 명이 라이카에게 손을 물리고 말았습니다.

"아얏! 이 녀석이!"

"저런, 많이 다쳤소?"

"괜찮습니다. 그런데 이 상태로는 실험이 어렵겠는데요? 이 녀석, 순종 훈련을 안 받았습니까?"

그때 엘레나가 나서서 한 가지 제안을 했습니다.

"이 일을 담당 조련사 야코프에게 시키면 어떨까요? 야코프가 곁에 있으면 얌전해질 거예요."

손을 물린 연구원이 펄쩍 뛰었습니다.

"그건 안 됩니다. 여긴 연구원 외에는 들어오지 못하게 되어 있어요!"

그러자 야즈도프스키 박사가 차분하게 말했습니다.

"아니야, 이미 모든 준비를 마쳤으니 저 녀석을 진정시킬 수만

있다면 누구라도 상관없소. 원심기 테스트 결과가 좋으면 담당 조련사의 보안 등급을 올리도록 하지. 엘레나, 그 친구를 불러오시오."

얼떨결에 원심실로 불려간 야코프는 벌어진 입을 다물지 못했습니다. 방 안에는 야코프가 생전 한 번도 본 적이 없는 기계 장치로 가득 차 있었으니까요. 엘레나는 눈이 휘둥그레진 야코프에게 라이카를 넘겨주며 말했습니다.

"라이카를 저 캡슐 안에 넣고 안전벨트를 묶어 주세요. 할 수

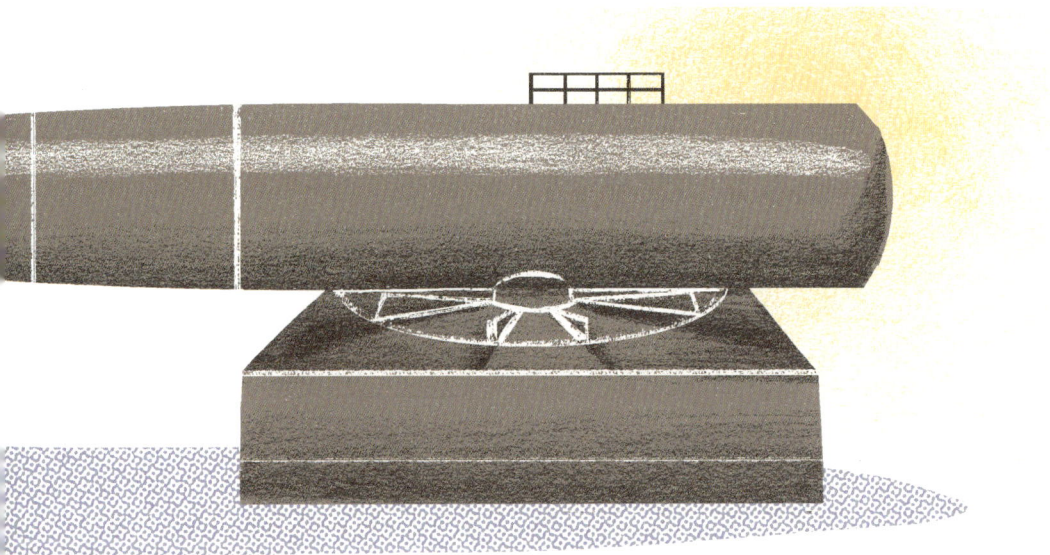

있지요?"

 야코프는 아무 말 없이 라이카를 받아 들고 꼭 안아 주었습니다. 라이카의 심장 뛰는 소리가 너무도 생생하게 들려왔지요. 야코프는 라이카에게 작은 소리로 속삭였습니다.

 '라이카, 괜찮아. 지금 이 사람들은 너를 해치려는 게 아니야. 네가 얼마나 특별한 개인지 보여 줄 기회라고. 넌 잘할 수 있을 거야. 용기를 내!'

 야코프는 능숙한 손놀림으로 라이카에게 안전벨트를 매어 주었습니다. 신기하게도 라이카는 야코프의 손길에 자신의 몸을 내

맡긴 듯 꼼짝도 하지 않았지요. 이 광경을 지켜보고 있던 엘레나가 빙긋 웃으며 말했습니다.

"역시 라이카를 다룰 수 있는 사람은 당신뿐이네요."

라이카의 몸에 온갖 전선이 연결되고 캡슐의 문이 닫히자 거대한 쇠막대가 굉음을 내며 돌아가기 시작했습니다. 야코프는 그 광경에 너무 놀라서 심장이 멎을 것 같았습니다. 몇 초가 지나자 캡슐은 눈에 잘 보이지 않을 정도로 엄청나게 빨라졌고, 연구원들은 모니터 앞에 모여서 라이카의 상태를 살폈습니다. 그곳에는 라이카의 모습이 나오는 화면도 있었는데, 야코프는 감히 들여다볼 생각조차 하지 못했습니다.

"흠, 생체 반응은 괜찮은데요? 제법 잘 버티고 있어요."

"현재 원심력은 얼마나 되지?"

"5G, 아니, 5.5G입니다."

"심박 수는?"

"조금 빠르긴 하지만 처음인 점을 고려하면 아주 양호합니다."

1분쯤 지났을 때 야즈도프스키 박사가 크게 웃으며 소리쳤습니다.

"하하! 이 녀석, 아주 물건이구먼. 아주 좋아! 이제 원심기를 멈

추게. 로켓 설계국에 정식 후보로 추천해야겠어!"

원심기를 멈추고 캡슐 문을 열어 보니 라이카가 입에 거품을 문 채 축 늘어져 있고, 주변에는 라이카가 토해 낸 것 같은 액체 찌꺼기가 흥건하게 묻어 있었습니다. 그런데 야코프가 다가가자 라이카는 그 와중에도 있는 힘을 다해 꼬리를 흔들고 있었지요. 엘레나가 라이카를 꺼내 야코프에게 넘겨주며 말했습니다.

"당신 말대로 라이카는 정말 특별한 개예요. 데려가서 잘 돌봐 주세요."

야코프는 축 늘어진 라이카를 안쓰럽다는 듯 보듬으며 머리를 저었습니다. 그러다 잠시 생각하는 듯하더니 금새 흐뭇한 표정으로 중얼거렸습니다.

"아까 박사님이 하는 말 들었니? 네가 우주선을 타는 정식 후보가 된 거야! 잘했어, 정말 잘했어!'

야코프는 라이카를 안고 나오면서 한쪽 손으로 주먹을 불끈 쥐었습니다. 군견 훈련소의 장교가 되겠다는 꿈에 한 걸음 더 다가선 것입니다.

1956년 8월

야코프는 전에 일했던 군견 훈련소에 교육을 받으러 갔다가 열흘 만에 항공 의학 연구소로 출근했습니다.

"야코프, 오랜만이네요. 그곳 일은 잘 마무리되었나요?"

"네, 수의사님. 새로 도입된 훈련 방식을 배우느라 고생 좀 했습니다."

"수고 많았어요. 그런데 혹시 라이카에 대해 얘기 들으셨나요?"

"아뇨, 무슨 일 있습니까?"

"요즘 라이카가 통 사료를 먹지 않아서 체중이 엄청나게 줄었어요. 지금 몸 상태로는 훈련시키기도 어려울 정도예요."

"어? 왜요? 어디 아픈가요?"

"그동안 진찰을 꼼꼼히 해 봤는데, 특별히 아픈 곳은 없는 것 같아요."

"이상하네요. 그렇게 먹성 좋던 녀석이 밥을 안 먹다니……. 제가 가서 한번 보고 오겠습니다."

야코프가 개들이 있는 방으로 다가서자 안에서 이바노비치의 목소리가 들려왔습니다.

"이 녀석아, 제발 좀 먹어라! 굶어 죽으려고 작정했니?"

야코프가 걱정스러운 마음으로 조심스럽게 문을 열었더니, 바닥에 엎드려 있던 라이카가 벌떡 일어나 큰 소리로 짖기 시작했습니다.

"멍, 멍, 멍!"

라이카가 줄에 묶인 채 펄펄 뛰다가 밥그릇을 밟는 바람에 사료가 바닥에 흩어졌고, 다른 개들도 덩달아 짖으면서 방 안은 순식간에 아수라장이 되었습니다. 야코프는 침착하게 라이카를 끌어안으며 달랬습니다.

"라이카, 어디 아프니? 정말로 몸이 반쪽이 됐네?"

라이카는 이상한 비명을 지르며 야코프에게 달려들어 정신없이 얼굴을 핥다가, 갑자기 몸을 돌려 바닥에 흩어져 있는 사료를 허겁지겁 먹기 시작했습니다. 그러자 이바노비치가 혀를 차며 말했습니다.

"자네가 나타나니까 갑자기 식욕이 돋는 모양이구먼, 쯧쯧."

야코프는 쓸쓸한 표정으로 라이카를 바라보았습니다. 자신은 지난 열흘 동안 일에 파묻혀서 라이카 생각을 거의 하지 않았는데, 라이카는 밥도 먹지 않으면서 오직 야코프만을 기다렸던 것입니다.

"라이카, 왜 그랬어? 이곳에 오기 전에는 길거리에서도 혼자 잘 살았잖아. 그 녀석 참……."

라이카는 꼬리를 마구 흔들며 바닥에 흩어진 사료를 말끔히 먹어 치우고는 다시 야코프의 품 안으로 뛰어들었습니다. 문밖에서 그 모습을 지켜보던 엘레나가 빙긋 웃으며 말했습니다.

"마치 헤어져 있던 연인들이 재회하는 것 같네요. 라이카를 위해서라도 앞으로 당신을 출장 보내면 안 되겠어요."

야코프는 찡한 마음으로 라이카를 쓰다듬으며 말했습니다.

"라이카, 네가 여기 있는 한, 난 아무 데도 안 가. 무슨 일이 있어도 너를 끝까지 지켜 줄 거야. 그러니까 내가 안 보이더라도 굶지는 마, 이 미련한 녀석아!"

잠시 후 라이카는 야코프의 품에서 빠져나와 방 안을 이리저리 뛰어다니면서 다른 개들의 밥그릇까지 깨끗하게 핥아 먹었습니다.

1956년 10월, 모스크바 외곽의 주코프스키 공군 기지

비행장 활주로에 대기하고 있는 미그-15 전투기 옆에서 엘레나와 야코프가 라이카를 데리고 서 있습니다. 야코프는 옷깃을 여미며 말했습니다.

"어휴, 엘레나, 바람이 엄청나게 부네요. 이런 날씨에 비행기가 뜰 수 있을까요?"

"한 달 전부터 날짜를 잡아 놨기 때문에 계획대로 진행될 거예요. 그런데 날씨가 나빠서 좀 걱정되긴 하네요. 비행기가 많이 흔들릴 텐데 라이카가 잘 견뎌 낼 수 있을지……"

야코프는 애써 태연한 표정을 지어 보였습니다.

"걱정 마세요. 우리 라이카는 보통 개가 아니잖습니까. 오늘도 잘 해낼 겁니다. 그렇지, 라이카?"

멋지게 비행복을 차려입은 라이카는 좁은 우리 안에서 야코프만 뚫어지게 바라보며 열심히 꼬리를 흔들고 있었습니다. 무슨 일이 벌어지고 있는지 전혀 모르는 채, 야코프와 나들이를 나왔다는 사실만으로 신이 난 것 같았습니다.

오늘은 라이카가 비행기를 타고 무중력 훈련*을 받는 날입니다.

라이카가 타게 될 비행기에는 카메라를 비롯한 여러 장치가 부착되어 있어서, 무중력 상태를 경험하는 라이카의 신체 변화를 빠짐없이 기록할 것

∿∿∿∿∿∿∿∿∿∿∿∿

무중력 훈련
우주선을 탔을 때 나타나는 초과 중력을 버티는 훈련은 실내에서 원심기를 타고 할 수 있지만, 무중력 상태에 적응하는 훈련을 하려면 비행기를 타는 수밖에 없습니다. 비행기를 타고 하늘 높이 올라간 후 엔진을 끄면 마치 절벽에서 폭포가 떨어지듯 동체가 추락하게 되고, 그동안 비행기의 내부는 무중력 상태가 됩니다. 물론 땅을 향해 계속 떨어질 수는 없으므로 약 30초 동안 떨어진 후에는 다시 엔진을 켜고 위로 올라갑니다. 이런 비행을 여러 차례 반복하면 그 안에 타고 있는 사람이나 동물은 약 30초짜리 무중력 상태를 여러 번 경험할 수 있습니다.

입니다.

드디어 비행기 조종사가 나타나 퉁명스럽게 말했습니다.

"준비는 됐소? 저기 뚜껑을 열고 개를 넣으시오."

그곳은 원래 폭탄을 넣는 곳이었습니다. 야코프가 걱정스러운 표정으로 물었습니다.

"저기, 조종사님, 개는 무사하겠지요?"

"개의 안전은 내 소관이 아니오. 난 상부의 지시를 받고 계획된 대로 비행할 뿐이오. 날씨가 나빠지고 있으니 서두르시오!"

순간, 야코프는 굳은 표정으로 엘레나를 바라보았습니다.

"걱정 마세요, 야코프. 알비나와 코즈야프카도 이 훈련을 받았어요. 게다가 좁고 어두운 곳에서 잘 견디는 건 라이카의 주특기잖아요?"

"두말하면 잔소리죠. 저도 걱정은 안 합니다. 날씨가 추워서 빨리 끝내고 싶을 뿐이죠."

야코프는 비행기에 달린 작은 캡슐 안에 라이카를 집어넣었습니다. 지난번 원심기에 들어갈 때도 그랬듯이, 라이카는 너무도 얌전하게 턱을 바닥에 대고 납작 엎드렸습니다. 그러고는 눈동자만 위로 치켜뜬 채 야코프를 바라보고 있었지요. 그 표정이 너무 불쌍해서 야코프는 울컥 울음이 쏟아질 것 같았습니다. 자신만을 하늘같이 믿고 있는 라이카를 사지로 보내는 것 같아 마음이 아팠던 겁니다. 그러나 엘레나에게 들키지 않으려고 눈물을 꾹 참았습니다.

"라이카, 내가 지켜보고 있으니까 안심해. 오늘 훈련만 잘 받으면 저녁때 네가 좋아하는 소고기 수프를 끓여 줄게."

캡슐 뚜껑이 닫히자 비행기 엔진 소리가 요란하게 들려왔습니다. 야코프는 혼비백산하여 멀찌감치 뒤로 물러났습니다. 엔진 소리가 커질수록 야코프의 마음도 점점 불안해졌습니다.

비행기는 활주로를 빠르게 내달리더니 어느 순간 하늘을 향해 솟구쳐 올랐습니다. 비행기가 이륙하면 앞으로 갈 줄 알았는데, 이 비행기는 마냥 하늘을 향해 올라가기만 했습니다. 그 안에서 라이카는 아래로 짓눌리는 힘을 버텨 내고 있을 것입니다. 그리고 잠시 후 비행기가 아래로 떨어지면 라이카의 몸은 캡슐 안에서 두둥실 떠오를 겁니다. 그러나 구름이 너무 짙게 끼어서 엘레나와 야코프는 더 이상 비행기를 볼 수 없었습니다.

30분쯤 지난 후, 비행기가 활주로로 돌아왔습니다. 야코프는 비행기 쪽으로 있는 힘을 다해 뛰어갔고, 엘레나는 씁쓸한 미소를 지으며 그 뒤를 따라갔습니다. 야코프는 비행기의 엔진이 멈추기도 전에 동체를 두드리며 다급하게 소리쳤습니다.

"캡슐을 열어요! 빨리 열라니까!"

그때 엘레나가 뒤에서 야코프의 옷깃을 잡으며 말렸습니다.

"진정해요. 엔진이 완전히 멈춰야 라이카를 꺼낼 수 있다고요."

야코프는 마치 물건을 훔치려다 들킨 사람처럼 깜짝 놀라더니 멋쩍게 웃어 보였습니다.

"아, 그냥……. 일정이 많이 늦어져서요."

"호호, 나도 알고 있어요. 카메라와 심박 기록 장치는 내가 챙길 테니, 당신은 라이카를 맡으세요."

캡슐을 열어 보니 라이카가 네 다리를 뻗고 납작 엎드린 채 거친 숨을 몰아쉬고 있었습니다. 중력과 무중력 상태가 반복되면서 극심한 멀미에 시달렸던 것입니다. 그런데 야코프가 나타나자 언제 그랬냐는 듯이 펄쩍펄쩍 뛰면서 짖기 시작했습니다.

"멍! 멍! 멍!"

"그래, 장하다, 라이카. 정말 대단하구나! 내가 이 비행기에 탔다면 벌써 기절했을 거야."

그 순간, 엘레나는 야코프의 눈에서 무언가 반짝이는 것을 보았습니다. 눈물인 것 같았지만 시간이 많이 지체되어 엘레나는 아무 말도 하지 않았지요. 두 사람은 라이카와 실험 장비를 들고 서둘러 트럭에 올라탔습니다. 돌아오는 동안 야코프는 평소답지 않게 말 한 마디 없었습니다.

먼발치에서 연구소 건물이 보일 때쯤 엘레나가 어렵게 말을 꺼냈습니다.

"야코프, 만약, 만약에 말이에요……."

"네, 말씀하세요. 만약에 뭐요?"

"만약에 라이카를 당신 집에 데려가서 키워도 된다고 하면 그렇게 할 건가요?"

야코프는 잠시 생각하더니 피식 웃으며 말했습니다.

"에이, 그게 말이 되나요? 연구소의 개는 국가 재산인데……. 게다가 라이카는 우주여행 후보로 뽑혔잖아요. 라이카한테나 저한테나 이보다 좋은 기회가 또 어디 있겠습니까? 두고 보세요. 저는 이 녀석을 열심히 훈련시켜서 꼭 로켓에 태울 겁니다. 그러면 라이카는 세계에서 가장 유명한 개가 될 거고, 저도 진급을 할 수 있겠지요."

"그 말, 진심인가요?"

"당연하지요! 그런 걸 왜 묻습니까?"

엘레나는 한동안 말이 없다가 트럭이 연구소에 도착했을 때 솔직하게 털어놓았습니다.

"나는 당신이 라이카와 정이 너무 많이 든 것 같아 걱정되었을 뿐이에요. 그렇게 생각한다면 안심해도 되겠군요. 오늘 수고 많았어요. 라이카, 너도 수고 많았다. 소고기 수프 맛있게 먹고 푹 쉬어. 안녕!"

어느새 엘레나는 몇 달 전 야즈도프스키 박사에게 들었던 말을 야코프에게 똑같이 하고 있었습니다.

세계 최초의 인공위성, 스푸트니크 1호

1957년 5월

"말씀하신 라이카 훈련 일지 가져왔습니다!"

야코프는 활짝 웃으며 엘레나의 연구실로 들어섰다가 깜짝 놀랐습니다. 성격이 호탕하고 과묵하기로 유명했던 이바노비치가 책상 앞에 서서 손으로 눈물을 훔치고 있었던 것입니다. 주변을 둘러보니 한쪽 구석에는 텅 빈 우리 두 개가 덩그러니 놓여 있고, 엘레나는 애처로운 눈으로 이바노비치를 바라보고 있었습니다. 야코프는 두 사람 눈치를 살피면서 조심스럽게 물었습니다.

"저…… 무슨 일입니까?"

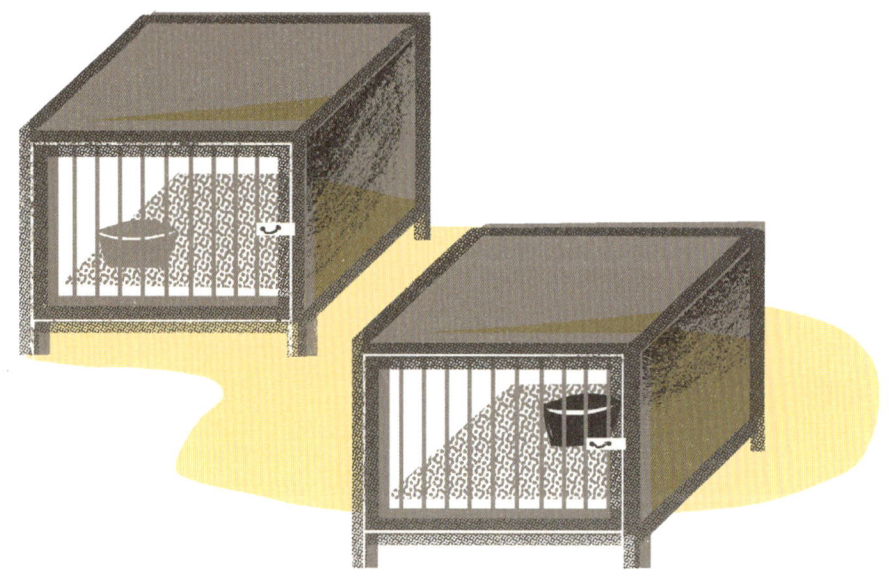

"르지하야와 드지호이나가 이번 비행에서 사고를 당해 돌아오지 못했어요."

이바노비치는 침통한 표정으로 빈 우리를 쓰다듬었습니다. 평소에 그렇게 호탕하고 대담했던 조련사도 개와의 이별은 가슴이 아팠나 봅니다.

"미안해요, 이바노비치. 어떻게 위로를 해야 할지……."

"괜찮습니다, 수의사님. 중요한 임무를 수행하다가 그렇게 되었으니 할 수 없지요."

빈 우리를 들고 나가는 이바노비치의 어깨가 축 처져 있었습니다. 야코프는 그의 뒷모습을 바라보면서 자기가 훈련시킨 개들도 사고를 당할 수 있다는 사실을 처음으로 깨달았습니다.

"수의사님, 라이카의 훈련 일지 여기 있습니다."

엘레나는 서류를 받아들고 몇 장 뒤져 보다가 책상 위에 던져 놓고 말했습니다.

"잠시 후에 회의에서 석 달 뒤에 할 실험 비행의 주인공을 결정하기로 했어요. 현재 후보로 오른 개는 벨카와 모드니차, 그리고 당신이 담당하고 있는 라이카예요."

"하지만 라이카는 만년 후보인걸요. 큰 기대는 하지 않습니다."

"그건 로켓 설계국에서 경험이 있는 개를 선호하기 때문이에요. 당신도 여기 온 지 거의 1년이 다 되었으니 우주개를 키워 낸 조련사가 되고 싶지요?"

"그거야 윗분들이 결정하는 거지요. 저는 결과에 따를 뿐입니다. 그런데……"

"그런데 뭐요?"

"개들이 사고를 자주 당합니까?"

"이번 사고가 처음은 아니지만, 지난 2년 동안은 사고가 한 번도 없었어요."

"그렇군요……. 저는 개들을 산책시킬 시간이 돼서 이만 가 보겠습니다."

야코프는 황급히 연구실을 빠져나왔습니다. 그동안 라이카가 우주개로 뽑히기를 바라고 있었지만, 눈물을 훔치던 이바노비치의 모습이 자꾸 떠올라 마음이 편하지 않았습니다.

같은 날, 항공 의학 연구소 회의실. 연구소의 연구원과 수의사들이 모두 모인 자리에서 야즈도프스키 박사가 회의의 시작을 알렸습니다.

"여러분, 이번 사고는 나도 정말 유감스럽게 생각하오. 지난 6년 동안 우리가 훈련시킨 개들 중 20여 마리가 발탁되어 17회의 로켓 비행에 참여해 왔고, 그중에는 알비나와 르지하야처럼 두 번 이상 비행을 한 개들도 여럿 있소. 위험한 임무를 반복적으로 수행하다 보면 희생은 따르기 마련이오. 그러니 지나간 일은 빨리 잊고, 각자 맡은 임무에 더욱 정진해 주기 바라오."

그러자 연구원 한 사람이 흥분된 목소리로 말했습니다.

"아무리 그렇다고 해도, 사고 원인을 알려 주지 않으면 대책을 세울 수 없지 않습니까?"

야즈도프스키 박사가 다소 불쾌한 표정을 지으며 말했습니다.

"대책은 로켓 설계국 사람들이 생각할 문제요. 우리는 개들을 잘 훈련시켜서 그쪽에 공급하면 되는 거요. 자, 오늘 안건은 8월에 비행할 후보를 정하는 것인데……. 엘레나, 지금까지의 결과를 설명해 보시오."

"네, 차기 실험 비행 후보견으로는 벨카와 모드니차, 그리고 라이카가 뽑혔는데, 이들 중 최종적으로 두 마리를 골라야 합니다."

엘레나의 말이 끝나자 다른 연구원이 이의를 제기했습니다.

"벨카와 모드니차는 훈련 베테랑인데, 라이카는 아직 좀 이르지 않을까요?"

또 다른 연구원이 맞장구를 쳤습니다.

"그래요. 라이카의 훈련 성적은 뛰어나지만 체질적으로 타고난 것 같진 않습니다."

야즈도프스키 박사가 물었습니다.

"타고나지 않았다니, 그게 무슨 말이오?"

"글쎄요……. 그동안 원심기 테스트와 무중력 비행을 열 번도 넘게 했는데, 라이카는 몸이 튼튼해서 견뎌 낸 게 아니라 이를 악물고 고통을 참는 것 같습니다. 생체 반응은 다른 개들과 비슷한데도 훨씬 오래 견디거든요. 이런 사례는 정말 처음입니다."

"엘레나, 당신 의견은 어떻소?"

"제 생각엔 라이카도 충분히 자격이 있다고 생각해요. 어쨌거나 모든 훈련 과정을 좋은 성적으로 통과했으니까요."

야즈도프스키 박사는 한동안 깊은 생각에 잠겼다가 결심을 한 듯 단호하게 말했습니다.

"이번에는 벨카와 모드니차를 보냅시다. 라이카에게는 나중에 더 큰 임무를 맡기기로 하지."

엘레나가 놀란 표정으로 물었습니다.

"더 큰 임무라니요?"

"때가 되면 알게 될 거요. 모든 일이 철저한 보안 아래 진행되고 있기 때문에 더 이상은 말할 수 없소. 자, 그러면 남은 기간 동안 벨카와 모드니차의 훈련 일정을 짜 봅시다."

회의가 끝난 후 엘레나는 연구실로 돌아가다가 복도에서 야코프와 마주쳤습니다. 야코프가 기대에 찬 표정으로 눈짓을 보냈는데, 엘레나는 눈을 지그시 감은 채 고개를 좌우로 저었습니다. 상심한 야코프는 고개를 끄덕이며 반대편으로 사라졌습니다.

1957년 10월 5일

"해냈어! 드디어 해냈다고! 우리 소련의 과학자들이 미국인을 이겼어!"

아침부터 항공 의학 연구소에 난리가 났습니다. 연구소 소장과 팀장들, 연구원들, 수의사와 조련사들, 그리고 식당 조리사와 청소부들까지 모두 얼싸안고 환호성을 질렀습니다. 연구소뿐만 아니라 전 세계가 이 사건으로 큰 충격을 받았지요. 그날 아침 모스크바의 신문 1면에는 다음과 같은 기사가 주먹만 한 글씨로 실려 있었습니다.

소련의 과학자들이 만든 세계 최초의 인공위성

스푸트니크 1호* 궤도 진입 성공!

바로 그 전날인 10월 4일, 소련 로켓 설계국의 과학자들이 세계 최초의 인공위성인 스푸트니크 1호를 발사하여 지구 주변의 궤도로 진입시키는 데 성공한 것입니다. 물론 동물이나 사람을 태우지는 않았고 무게도 100킬로그램이 채 되지 않는 작은 위성이었지만, 성층권까지 올라갔다가 그냥 되돌아온 기존의 로켓과는 비교가 안 될 정도로 커다란 업적이었습니다. 스푸트니크 1호가 미국의 하늘 위를 지나갈 시간이 되면 미국인들은 부러움과 함께 공포에 시달리기도 했습니다. 소련 사람들이 인공위성에 폭탄을 실어서 미국에 떨어뜨릴 수도

스푸트니크 1호
스푸트니크 1호는 인류 역사상 처음으로 지구 저궤도 진입에 성공한 인공위성입니다(스푸트니크는 러시아어로 '여행의 동반자'라는 뜻입니다). 이로써 소련은 우주로 진출한 최초의 국가가 되었고, 미국과의 우주개발 경쟁에서 한 걸음 앞서나가게 되었습니다.
스푸트니크 1호는 지구상으로부터 낮게는 227킬로미터, 높게는 945킬로미터 높이에서 시속 2만9천 킬로미터라는 엄청난 속도로 지구 둘레를 하루에 15바퀴나 돌면서 자신의 위치를 알리는 신호를 전 세계로 보냈습니다.

있다고 생각했기 때문입니다.

최초의 인공위성 발사에 성공한 과학자들은 당연히 다음에 발사할 인공위성에 사람을 태워서 보내고 싶어 했습니다. 그러나 우주 공간은 지구와 환경이 크게 다르기 때문에 사람을 보냈을 때 어떤 일이 벌어질지 아무도 알 수 없었습니다. 그래서 소련의 과학자들은 사람 대신 개를 로켓에 태워 우주로 보내는 실험을 계속해 왔던 것입니다. 이제 인공위성 발사에도 성공했고 개를 성층권 너머까지 보냈다가 귀환시키는 실험도 성공했으니, 개를 인공위성에 태우는 것이 그다음 순서입니다. 그러나…….

문제는 다음 위성을 발사할 때까지 남은 시간이었습니다.

1957년 10월 7일

엘레나는 월요일 아침 일찍 전화를 받고 야즈도프스키 박사의 연구실로 출근했습니다.

"무슨 일로 이렇게 일찍 부르셨나요?"

"엘레나, 지금부터 내가 하는 말 잘 들어요. 어제 로켓 설계국의 코롤료프 국장과 통화를 했는데……."

"스푸트니크 1호를 설계했다는 그분 말이죠?"

"그래요. 국장이 대뜸 다음 위성에 탈 개를 골라 놓으라고 하더라고."

"아니, 벌써요? 지난 5월에 벨카와 모드니차가 우주여행을 마치고 돌아왔을 때 앞으로 1년 동안은 개를 우주에 보낼 계획이 없다고 하지 않으셨나요?"

"그랬지. 그런데 몇 달 사이에 상황이 크게 달라졌소. 아니, 지난 며칠 사이에 달라졌다고 해야겠군. 아무튼 지시가 내려왔으니 빨리 시행해야겠는데, 그 일을 당신이 좀 맡아 주겠소?"

엘레나는 침을 꿀꺽 삼키며 말했습니다.

"역사상 최초로 궤도 비행을 하는 생명체가 되겠군요. 몇 마리가 탑승하나요?"

"한 마리."

"그동안 항상 두 마리를 태웠잖아요?"

"그건 성층권을 왕복할 때 얘기고, 궤도 위성은 훨씬 가벼워야 하기 때문에 한 마리도 간신히 탈 수 있을 정도라오."

"그렇군요……. 그럼 조건도 더 까다롭겠지요?"

"체중은 6.5킬로그램을 넘지 않아야 하고, 털 색깔은 흰색이 좋다고 했소. 그리고……."

"그리고 뭐요?"

"좁고 어두운 장소에 적응을 잘하는 놈이어야 한다더군. 우주선 안에 개가 들어갈 공간이 아주 좁은 모양이야."

순간, 엘레나의 머릿속에 개 한 마리가 뚜렷하게 떠올랐습니다.

"그리고 이번에는 특별히 코롤료프 국장이 우리 연구소를 방문해서 개를 직접 보겠다고 하는군. 이틀 후에 온다고 하니까, 그전에 후보 명단을 작성해 줘요."

"이틀 후라고요? 우주선을 언제 발사하는데요?"

야즈도프스키 박사는 아무 말 없이 서서 창밖만 바라보았고, 엘레나는 머릿속이 혼란스러워졌습니다. 그동안 개를 우주에 보낼 때는 아무리 짧아도 한 달 전에 후보를 선정하곤 했는데, 겨우 이틀 안에 후보 명단을 내놓으라는 것으로 보아, 무언가 사연이 있는 것 같았습니다.

"박사님, 제가 알 면 안 되는 비밀이라도 있나요?"

야즈도프스키 박사가 길게 한숨을 내쉬더니 의자에 앉으며 말했습니다.

"하긴, 때가 되면 알게 될 테니 지금 말해서 안 될 것도 없지. 지난 토요일에 코롤료프 국장이 흐르쇼프 서기장님을 만났다고 하오."

"서기장님을요? 정말로 큰 영광이었겠네요. 우리 나라에서 제일 높은 분을 만났으니……"

"그런데 서기장님께서 스푸트니크 1호에 너무 감격한 나머지 당장 스푸트니크 2호를 발사하라는 지시를 내렸다는군."

"당장이라고요? 그게 언젠데요?"

"볼셰비키 혁명* 40주년 기념일에 맞춰서 11월 7일에 발사하기로 했소."

"세상에! 앞으로 한 달밖에 안 남았잖아요. 그게 가능한가요?"

"자세한 내용은 나도 모르오. 가능하니까 나한테 전화를 한 거겠지. 항상 말해 온 대로, 우리는 지시를 따르기만 하면 되는 거요."

연구실로 돌아온 엘레나는 앞으로 벌어질 일을 상상해 보려고 애를 썼지만, 로켓에 대해 아는 것이 별로 없어서 아무것도 떠오르지 않았습니다. 그녀는 개들의 신상을 정리해 놓은 노트를 뒤적거리다가 야코프를 불렀습니다.

볼셰비키 혁명
소련은 원래 왕이 다스리는 나라였습니다. 그런데 1차 세계대전이 끝난 후 나라 살림이 어려워지면서 국민들의 불만이 쌓여 가다가 1917년 11월에 '볼셰비키 당'이라는 정치단체가 무기를 들고 궁궐에 침입하여 왕을 몰아내고 소련(소비에트 연방)이라는 사회주의 국가를 세웠습니다. 이 사건을 '볼셰비키 혁명'이라고 합니다.

"엘레나, 안녕하세요? 오늘은 일찍 나오셨네요."

"요즘 라이카의 몸 상태는 어떤가요?"

야코프는 싱글벙글 웃으며 말했습니다.

"그 녀석이야 항상 준비 완료 상태지요."

"야코프, 솔직하게 말해 보세요. 연구원들은 라이카가 고통을 안 느끼는 게 아니라 사람처럼 참는 거라고 하던데, 당신이 보기에도 그런가요?"

"네? 그건……."

"중요한 문제니까 보고 느낀 대로 말해 줘요."

야코프는 천천히 의자에 앉더니 고개를 끄덕였습니다.

"맞습니다. 제가 보기에도 그 녀석은 훈련받을 때 고통을 참는 것 같아요."

"왜 그럴까요? 이유를 생각해 본 적 있나요?"

"사실은 라이카가 저 때문에 훈련을 이겨 낸다고 느낄 때가 많습니다. 제가 옆에 없으면 훈련 성적이 별로 안 좋은데, 같이 있을 때에는 어떤 개보다 월등한 실력을 발휘하거든요. 기특하긴 하지만 그러다가 몸이 상할 것 같아 내심 걱정이 되기도 합니다."

"그렇군요……. 라이카를 다음 비행에 보내려고 하는데, 괜찮겠어요?"

순간, 야코프의 눈이 번쩍 뜨였습니다.

"정말입니까? 후보가 아니라 진짜 가는 건가요? 언제 발사하는데요?"

"그건 저도 몰라요. 이틀 후에 로켓 설계 국장님이 직접 와서 고르는데, 당신이 원한다면 제가 적극 추천해 볼게요."

"우아! 우리 라이카가 드디어 우주 구경을 하게 되는군요! 그동안 고생만 시키고 딱히 해 준 것도 없어서 미안했는데, 정말 잘됐네요!"

"너무 흥분하지 마세요. 마지막 결정은 코롤료프 국장님이 하는 거니까요."

"아닙니다. 이번에는 저도 느낌이 좋다고요. 왠지 라이카가 꼭 뽑힐 것 같은데요?"

야코프는 어린아이처럼 좋아하다가, 갑자기 굳은 표정으로 물었습니다.

"저, 그런데…… 이번에는 안전하겠지요?"

"몇 달 전에 있었던 사고가 마음에 걸리나 보군요. 걱정 마세요. 우리 뛰어난 로켓 과학자들이 그 정도로 실수를 자주하진 않을 거예요."

"알겠습니다. 감사합니다, 수의사님!"

야코프는 특유의 환한 미소를 지으며 방을 나왔습니다. 항공의학 연구소로 파견된 지 1년 4개월 만에 꿈을 이루게 된 것입니다. 하지만 엘레나는 마음이 편치 않았습니다. 이번 임무가 얼마나 위험한 것인지 자신도 짐작할 수 없었기 때문입니다.

피할 수 없는 운명

1957년 10월 9일

항공 의학 연구소 사람들이 이른 아침부터 바쁘게 움직이고 있습니다. 소련의 영웅으로 떠오른 세르게이 코롤료프가 방문하는 날이기 때문입니다. 그동안 개들을 싣고 우주로 갔던 로켓들도 모두 코롤료프의 지휘 아래 만들어진 작품이었습니다.

"어서 오십시오. 환영합니다, 코롤료프 국장님!"

야즈도프스키 박사가 대표로 인사를 건넸습니다. 다부진 체격에 선한 눈빛을 가진 코롤료프는 무척 말을 아끼는 것 같았습니다. 연구소 사람들은 영웅의 모습을 한 번이라도 보기 위해 가는 곳마다 사방에 진을 치고 있었지요. 코롤료프는 개 훈련 시설을 둘러본 후 야즈도프스키 박사에게 말했습니다.

"이제 당신들이 선발해 놓은 개를 보러 갑시다. 아주 기대되는군요."

"그러시죠. 담당 수의사에게 데려오라고 하겠습니다."

"아니오, 내가 직접 가서 보겠소. 사실 그 녀석들이 어떤 환경에서 살고 있는지 몹시 궁금했다오."

코롤료프와 야즈도프스키 박사는 엘레나와 함께 지하실로 내려갔습니다. 그곳에서는 야코프와 이바노비치가 후보로 선출된 세 마리의 개를 돌보고 있었지요. 그 세 마리는 알비나와 무하, 그리고 라이카였습니다.

일행이 방 안에 들어서자 이바노비치가 큰 소리로 인사를 했습니다.

"존경하는 코롤료프 국장님, 만나 뵙게 되어 영광입니다!"

야코프도 인사를 하려고 하는데, 코롤료프가 먼저 말을 꺼냈습니다.

"이 개들이 우리의 영웅이로군. 어디 보자. 알비나, 잘 있었니?

지난번에 로켓 발사 현장에서 내 바지에 오줌을 갈긴 당찬 녀석이지. 하하, 다른 두 마리는 신참 같은데, 이름이 뭔가?"

엘레나가 나서서 대답했습니다.

"무하와 라이카입니다. 둘 다 훈련 성적이 탁월하고 순종적이지요. 특히 라이카는 좁은 공간에 대한 적응력이 아주 뛰어납니다."

"그래요? 어디 한번 자세히 볼까?"

코롤료프가 두 손으로 라이카를 안아 올리자 갑자기 짖기 시작했습니다.

"멍! 멍!"

당황한 야코프가 코롤료프에게 사과했습니다.

"죄, 죄송합니다. 평소에는 잘 짖지 않는데, 낯선 사람이 많아서 긴장한 것 같습니다."

"괜찮소, 성깔 있는 게 더 맘에 드는군. 이런 녀석일수록 생존 본능이 강한 법이거든. 게다가 털은 짧고 목이 긴 것이, 이번 임무에 아주 적격이야. 야즈도프스키 박사, 이런 보물을 어디서 구하셨소?"

"마음에 드신다니 다행입니다."

"이렇게 완벽한 신체 조건에 좁은 공간 적응력까지 뛰어나다니, 라이카야말로 우리가 찾던 녀석이오. 아주 훌륭하군그래! 직접 와 보길 잘했어!"

"그럼, 라이카로 하시겠습니까?"

"그래요. 라이카를 정식 후보로 정하고, 알비나는 예비 후보로 준비시켜 주시오. 그리고 몇 가지 확인할 사항이 있으니 라이카를 사흘 후에 로켓 설계국으로 데려와 주겠소? 담당 수의사와 함께 말이오."

짧은 시간 동안 오간 단 몇 마디의 대화에 모든 것이 결정되었습니다. 야코프는 꿈을 꾸는 것 같아 남들 몰래 다리를 꼬집어 보았지만 눈앞에서는 여전히 소련의 영웅인 코롤료프가 라이카를 안은 채 환하게 웃고 있었습니다.

"라이카! 네 이름은 역사에 길이 남을 거다. 우리 위대한 조국의 과학 기술을 전 세계에 알리는 상징이 되는 거야!"

야코프는 그 말을 들으면서 온몸에 전율을 느꼈습니다. 역사에 길이 남는다는 그 이름을 바로 자신이 지어 주었기 때문입니다.

1957년 10월 12일

야코프는 늦은 저녁 시간까지 혼자 작업실에 남아 열심히 개 목걸이를 만들고 있었습니다. '우주개 라이카'라고 새겨져 있는 그 목걸이는 무사 귀환을 기원하면서 라이카에게 줄 선물이었습니다. 야코프가 휘파람을 불며 메달에 광택을 내고 있는데, 복도에서 엘레나와 야즈도프스키 박사의 대화가 들려왔습니다. 두 사람은 오늘 아침에 라이카를 데리고 로켓 설계국에 갔다가 막 돌아온 참이었습니다. 야코프가 궁금한 마음에 복도로 나가 보니, 두 사람은 그를 보자 하던 이야기를 멈추고 각자 연구실로 가 버렸습니다.

야코프는 무언가 심상치 않은 느낌이 들어 엘레나의 연구실로 찾아갔습니다.

"저, 수의사님, 오늘 갔던 일은 잘 되었습니까?"

엘레나는 아무런 말도 없이 침통한 표정으로 서서 창밖만 바라보고 있었습니다.

"뭐가 잘못되었나요? 라이카한테 문제라도 생겼습니까?"

엘레나는 책상으로 돌아와 자리에 앉았습니다. 그리고 야코프에게 무슨 말을 하려다가 다시 고개를 돌렸습니다.

"라이카가 최종 테스트에서 탈락했군요. 그렇지요?"

야코프는 예상했다는 듯 고개를 끄덕이며 밖으로 나가려고 했습니다. 그런데 엘레나가 뒤에서 야코프를 불러 세웠습니다.

"야코프, 잠깐 이리 와 보세요. 할 이야기가 있어요."

엘레나는 굳은 결심을 한 듯 자세를 바로잡고 말을 이어 갔습니다.

"지금부터 내가 하는 말을 절대로 다른 사람한테 이야기하지 않겠다고 약속할 수 있겠어요?"

"원하신다면 그렇게 하겠습니다. 대체 무슨 일이기에 그러십니까?"

"이건 국가 기밀이에요. 아무한테도 말하지 않겠다고 서약까지 하고 왔는데, 당신한테는 얘기를 안 할 수가 없네요. 비밀 지킬 수 있지요?"

야코프는 침을 꿀꺽 삼키며 고개를 끄덕였습니다.

"오늘 로켓 설계국에 갔다가 알게 된 사실인데…… 라이카가 타게 될 우주선은 한 번 발사하면 돌아오지 않는대요."

"네? 뭐라고요?"

"우주선 준비 기간이 한 달밖에 되지 않아서 지구로 귀환하는 기능을 갖출 시간이 없었대요."

"아니, 그동안 우주로 갔던 개들은 사고가 나지 않는 한 다 돌아왔잖아요. 대체 왜 못 온다는 겁니까?"

"이번에 발사할 로켓은 성층권을 왕복하는 게 아니라, 스푸트니크 1호처럼 지구 주변을 도는 인공위성이래요. 자세한 건 나도 잘

몰라요. 코롤료프 국장님께서 한 말이니 사실이겠지요."

"그럼, 우리 라이카는 어떻게 되는 겁니까? 설마……."

"그래요, 우주 공간에서 죽게 될 거예요."

야코프는 망치로 머리를 얻어맞은 사람처럼 멍해졌습니다. 사고가 날 수도 있다는 생각은 해 봤지만, 이런 상황은 한 번도 생각해 본 적이 없었습니다.

"하, 하지만 알비나도 같이 후보로 뽑혔으니까 로켓이 발사되기 전에 역할이 바뀔 수도 있잖아요. 그렇지요?"

엘레나는 애처로운 눈으로 야코프를 바라보며 말했습니다.

"…… 안됐지만 그럴 가능성은 없어요. 오늘 로켓 설계국에서 인공위성의 모든 기계 장치와 개에게 입힐 우주복을 라이카의 몸에 맞게 맞춰 놓았어요. 알비나는 라이카한테 심각한 문제가 발생했을 때 쓸 대역인데, 그럴 일은 거의 없대요."

야코프는 사지에 맥이 풀리면서 의자에 털썩 주저앉아 버렸습니다. 그동안 라이카에게 쏟아 왔던 모든 노력과 열정이 한순간에 무너져 내리는 것 같았습니다.

"야코프, 너무 상심하지 마세요. 라이카는 고통 없이 편하게 갈

거예요. 발사 후 일주일이 지나면 몸에 자동으로 주사를 놓아서 안락사 시킨다고 했어요. 그리고 라이카는 인공위성을 타고 지구 주변을 궤도 비행한 최초의 생명체로 역사에 기록될 거예요."

물론 엘레나도 이런 말이 위로가 되지 않을 것을 잘 알고 있었지만, 그렇다고 달리 해 줄 말도 없었습니다. 야코프는 고개를 떨군 채 아무 말 없이 앉아 있다가 손으로 얼굴을 쓸어내리며 물었습니다.

"라이카는 지금 어디 있습니까?"

"우리 안에 넣어 뒀어요. 마지막 테스트를 받느라 하루 종일 혹사당했으니 지금쯤 자고 있을 거예요. 이제 남은 기간 동안 라이카는 특별 관리를 받아야 해요. 체중이 더 불어나지 않게 각별히 주의하고, 젤리 형태로 가공된 음식에 익숙해지도록 훈련시켜 주세요. 우주로 나가면 그런 음식만 먹어야 하니까요."

야코프는 의자에서 일어나 문을 향해 걸어가다가 뒤돌아보며 말했습니다.

"결국…… 라이카는 일회용 소모품이었군요. 왜 진작 말해 주지 않았습니까?"

야코프의 눈에는 원망 어린 눈물이 그렁그렁 맺혔습니다.

"이렇게 될 줄은 나도 몰랐어요. 정말이에요. 나도 라이카가 너무 불쌍해서 돌아오는 내내 울었어요. 하지만 이젠 어쩔 수 없잖아요. 당신도 나처럼 현실을 받아들이세요."

개 우리로 돌아온 야코프는 곤히 자고 있는 라이카를 물끄러미 바라보았습니다. 아무리 생각해 봐도 불의의 사고로 돌아오지 못하는 것과 돌아오지 못할 줄 알면서 떠나보내는 것은 같을 수가 없었습니다. 야코프는 바닥에 주저앉아 두 무릎 사이로 고개를 떨군 채 새벽이 될 때까지 꼼짝도 하지 않았습니다.

"라이카, 라이카……. 이 일을 어쩌면 좋으니……."

그날 이후로 야코프는 전혀 다른 사람이 되었습니다. 얼굴에서 웃음이 완전히 사라졌고, 웬만해서는 다른 사람들과 대화도 나누지 않았습니다. 그리고 하루 종일 라이카 옆에 붙어서 알아들을 수 없는 말을 중얼거리곤 했습니다. 엘레나는 그런 야코프가 걱정되었지만, 한 번 상처받은 마음에 더 큰 상처를 입힐까 봐 아무런 말도 하지 않았습니다.

1957년 10월 18일 금요일

엘레나는 라이카의 몸 상태를 확인하다가 깜짝 놀랐습니다. 그동안 단 한 번도 6.3킬로그램을 넘은 적이 없었던 라이카의 몸무게가 6.8킬로그램으로 불어나 있었기 때문입니다. 엘레나는 당황하여 급히 야코프를 불렀습니다.

"야코프, 대체 관리를 어떻게 한 거예요? 체중이 초과되었잖아요!"

야코프는 기어 들어가는 목소리로 대답했습니다.

"그게…… 라이카가 요즘 식욕이 왕성해져서……."

"말도 안 되는 소리 말아요! 당신이 주는 음식만 먹는 개가 어떻게 며칠 사이에 체중이 이렇게 불어날 수 있냐고요!"

엘레나는 주변을 둘러보다가 한쪽 구석에 있는 쓰레기통을 거꾸로 뒤집어 털었습니다. 그랬더니 빈 소고기 수프 봉지가 와르르 쏟아져 나왔습니다.

"이게 다 뭐예요? 이걸 라이카한테 먹인 거죠? 당신 지금 제정신이에요?"

야코프는 아무 말 없이 바닥만 내려다보고 있었습니다. 엘레나는 한숨을 길게 내쉬면서 야코프를 타일렀습니다.

"야코프, 이러지 말아요. 이런 짓은 조국의 과학 발전을 심각하게 방해하는 행위라고요!"

그러자 야코프가 두 눈을 부릅뜨고 엘레나에게 물었습니다.

"수의사님, 그 많은 과학자들이 오랜 세월 동안 계획해 왔다는 일이, 이까짓 개 한 마리의 몸무게 때문에 지장을 받겠습니까? 굳이 라이카가 아니어도 그 사람들은 해낼 수 있을 거라고요. 왜 하필 라이카여야만 하는 겁니까?"

야코프의 얼굴 근육이 경련을 일으킨 것처럼 파르르 떨고 있었습니다. 엘레나는 야코프가 대드는 이유를 너무도 잘 알고 있었지만 더 이상 그대로 방치할 수는 없었습니다.

"안되겠어요. 앞으로 라이카 관리는 이바노비치에게 맡길 거예요. 당신은 더 이상 이 일에 관여하지 마세요. 라이카에게 한 번만 더 이상한 짓을 하면 당장 야즈도프스키 박사님께 보고할 거예요. 알겠어요?"

야코프는 아무 말 없이 밖으로 나가 버렸습니다.

그날 오후부터 야코프는 연구소에 나타나지 않았습니다. 아무런 연락도 없이 무단결근을 한 것입니다. 그러나 사람들은 라이카를 관리하는 데 온 정신을 빼앗겨서 아무도 신경 쓰지 않았습니다. 엘레나는 토요일 밤늦은 시간까지 라이카의 상태를 꼼꼼히 확인한 후 이바노비치에게 당부했습니다.

"내일은 일요일이지만 출근하실 수 있지요? 내일부터 라이카에게 젤리 음식을 조금씩 먹여 주세요."

"네, 알겠습니다. 그런데 야코프는 어디 갔습니까? 그 친구가 없으니까 라이카가 몹시 불안해하는 것 같은데요?"

라이카는 아무런 의욕도 없는 듯 바닥에 납작 엎드려 있다가 문 밖에서 소리가 날 때마다 벌떡 일어나 두 귀를 쫑긋 세우고 문 쪽을 뚫어지게 바라보았습니다. 그랬다가 야코프가 아니라는 것을 확인하고는 다시 바닥에 엎드려 눈을 감아 버렸습니다. 엘레나는 그 모습이 안타까웠지만 감정에 빠지지 않으려고 애를 썼습니다.

"야코프는 신경 쓰지 말고, 라이카에게만 집중해 주세요. 늦어도 사흘 안에 라이카의 몸 상태를 예전으로 돌려놓아야 해요. 아시겠지요?"

새벽이 되어서야 연구소를 나온 엘레나는 집을 향해 걸어가다가 문득 하늘을 올려다보았습니다. 맑게 갠 하늘에는 큰개자리의 시리우스 별과 오리온자리의 베텔기우스 별, 그리고 작은개자리의 프로키온 별이 삼각형을 이룬 채 가장 밝게 빛나고 있었습니다. 엘레나는 작은개자리 주변에 손가락으로 라이카의 모습을 그려 보았습니다.

1957년 10월 21일 월요일

일요일 밤부터 내린 눈이 아직도 그치지 않고 있었습니다. 엘레나가 아침 일찍 출근하여 현관문을 들어서는데, 경비원 한 사람이 숨가쁘게 달려왔습니다.

"수석 수의사님, 큰일 났습니다!"

"네? 무슨 일인데요?"

"라이카가 사라졌어요! 지금 연구소 일대를 샅샅이 뒤지는 중인데, 아직 못 찾았습니다."

"아니, 뭐라고요? 이바노비치는 대체 뭘 한 거예요? 야즈도프스키 박사님은 출근하셨나요?"

"아니요, 아직 안 나오셨습니다."

"야코프는요?"

"그 친구도 안 왔습니다. 지금 아침 여섯 시 반이 조금 넘었다고요!"

"빨리 찾으세요! 박사님이 오시기 전에 무슨 일이 있어도 찾아야 해요!"

엘레나는 하늘이 무너져 내리는 것 같았습니다. 라이카가 평소에 좁고 어두운 곳을 좋아한다는 사실을 떠올리고 보일러실과 식당 조리실, 심지어는 환풍기 속까지 찾아보았지만 모두 허사였습니다.

어느새 직원들이 출근하면서 연구실의 조명이 하나둘씩 켜지기 시작했고, 그럴 때마다 엘레나의 가슴은 바짝바짝 타들어 갔습니다. 바로 그때, 울타리 밖에서 이바노비치의 고함 소리가 들려왔습니다.

"저기다, 저기 있어! 빨리 이쪽으로 몰아!"

엘레나가 놀라서 바깥을 내다보니, 눈이 하얗게 쌓인 길 위에 하얀 개 한 마리가 쏜살같이 달리고 있었습니다. 어두워서 잘 보이지 않았지만, 짙은 색 머리에 꼬리가 말린 모습이 틀림없는 라이카였습니다.

이바노비치와 경비 몇 사람이 그 뒤를 열심히 쫓고 있었는데, 재빠른 개를 잡기에는 역부족이었지요. 엘레나도 급히 그쪽으로 달려가서 이바노비치에게 물었습니다.

"대체 어떻게 된 거예요? 라이카가 어떻게 밖으로 나왔어요?"

"헉, 헉. 아침에 개 사료를 실은 트럭이 도착해서 후문을 열었는데, 그 틈에 라이카가 쏜살같이 뛰어나갔지 뭡니까. 묶어 놨던 줄이 풀렸나 봅니다."

"이런 바보같이! 자리를 비울 땐 항상 우리 안에 넣어 두라고 당부했잖아요!"

라이카는 후문으로부터 50미터쯤 떨어진 곳에서 더 도망가지 않고 가만히 서 있다가, 누군가가 손전등을 켜고 조금이라도 다가가기만 하면 그만큼 더 물러났습니다. 누가 봐도 이런 식으로는 라이카를 잡을 수 없을 것 같았지요. 그때 문득 엘레나의 머릿속에 한 가지 아이디어가 떠올랐습니다.

이 세상에서 라이카가 유일하게 믿는 사람, 라이카가 무한정 믿고 따르는 야코프라면 이 일을 수습할 수 있을 것 같았습니다.

"이바노비치, 야코프의 집이 어디인지 알고 있나요?"

"저와 같은 직원 아파트에 삽니다. 여기서 아주 가까워요. 그 친구를 불러올까요?"

"빨리 가서 데려오세요! 이유는 절대 설명하지 말고 무조건 끌고 와야 해요. 아시겠어요?"

이바노비치는 트럭을 몰고 황급히 떠나고, 엘레나는 먼발치에 서 있는 라이카를 바라보며 초조한 마음으로 중얼거렸습니다.

"라이카, 넌 지금 주인을 찾고 있지? 사흘 동안 야코프를 못 봐서 그리운 거지? 그래, 사흘은 너한테 아주 긴 시간이었을 거야. 나도 알아. 내가 잘못했어. 너한테 사과할게. 야코프를 야단쳤던 거, 사실은 진심이 아니었어. 나도 정말 괴로웠단다. 이제 곧 야코프가 너를 만나러 올 거야. 그러니까 제발 더 멀리 도망가지 마. 제발……."

엘레나가 발을 동동 구르고 있는데, 드디어 기다리던 트럭이 도착했습니다. 그리고 초췌한 모습의 야코프가 어리둥절한 표정으로 차 문을 열고 나왔습니다. 엘레나는 단숨에 달려가 다급하게 말했습니다.

"야코프, 라이카가 연구소를 탈출해서 저기 서 있어요. 보이죠?"

야코프는 실눈을 뜨고 엘레나가 가리키는 쪽을 바라보았습니다. 함박눈에 가려 잘 보이지 않았지만, 느낌만으로도 라이카임을 금방 알 수 있었습니다.

"라이카를 불러 주세요. 이리 오라고 하세요! 당신은 할 수 있잖아요!"

야코프는 엘레나와 라이카를 몇 번 번갈아 바라보더니 고개를 떨궜습니다.

"이 일에 더 이상 관여하지 말라고 하셨잖습니까······."

"야코프, 이러지 말아요. 지금 라이카가 멀리 도망갈 수 있는 데도 왜 저러고 있는지 알아요? 자기 주인이 있는 곳이 여기이기 때문이에요! 당신이 라이카의 주인이잖아요!"

엘레나는 흐느껴 울면서 애원했습니다.

"제발, 라이카를 불러 주세요. 당신이 주인이니까 불러서 따뜻하게 안아 주세요, 네?"

야코프는 고개를 떨군 채 아무 말도 하지 않았습니다. 라이카가 평범한 개로 살아갈 수 있는 마지막 기회를 또다시 자기 손으로 날려 버릴 수 없었던 것입니다. 그때 경비 한 사람이 정적을 깨고 큰 소리로 외쳤습니다.

"됐어! 라이카가 이쪽으로 오고 있어!"

고개를 들고 바라보니 정말로 라이카가 조심스럽게 다가오고 있었습니다. 그러자 야코프가 두 팔을 허공에 내저으면서 큰 소리로 외쳤습니다.

"안 돼! 오지 마! 멀리 도망가! 가란 말이야!"

그러나 야코프의 목소리를 들은 라이카는 있는 힘을 다해 야코프가 있는 쪽으로 달려오기 시작했습니다. 둘 사이의 거리가 가까워질수록 야코프의 목소리는 커져 갔고, 그럴수록 라이카가 뛰는

속도도 빨라졌지요. 결국 라이카는 큰 소리로 짖으며, 보고 싶었던 주인의 품으로 뛰어들었습니다.

"이 바보야! 평소에는 내 말을 그렇게 잘 듣더니, 왜 제일 중요한 순간에 말을 안 듣는 거야, 왜!"

야코프는 라이카를 끌어안은 채 펑펑 울었고, 라이카는 열심히 꼬리를 흔들며 야코프의 뺨에 흐르는 눈물을 핥아 주었습니다. 이미 정해진 라이카의 운명은 무슨 수를 써도 피할 길이 없었나 봅니다.

함박눈이 내리던 그날, 우주과학의 역사를 바꿀 뻔했던 라이카 탈출 사건은 아침 7시가 채 되기 전에 그렇게 막을 내리고 말았습니다.

그날 오후, 야즈도프스키 박사가 아침에 있었던 소동에 대해 물었습니다.

"엘레나, 오늘 아침에 라이카가 건물 밖으로 나갔었다는데, 사실이오?"

"그게…… 아침 산책을 시키다가 라이카가 울타리 밖으로 나가고 싶어해서 이바노비치가 잠시 데리고 나갔었대요. 별일 아니었어요."

"내가 듣기론 그게 아니던데?"

"경비들이 놀라서 잠시 소동이 있긴 했지만 곧 상황을 파악하고 진정되었어요."

"그래? 아무튼 별일 없어서 다행이오. 라이카는 어떤가? 잘 관리하고 있겠지?"

"물론이지요. 젤리형 음식도 잘 받아먹고 있어요."

"앞으로 라이카가 우리 연구소를 떠나는 날까지 한시도 눈을 떼지 마시오. 그 녀석은 이제 보통 개가 아니라 소련의 과학을 상징하는 영웅이니까. 참, 그리고 돌아오는 일요일에 흐루쇼프 서기장님께서 라디오 방송을 통해 라이카를 전 인민에게 소개한다고 하셨소. 그러니 방송이 나가는 날 아침 일찍 라이카를 데리고 방송국으로 가시오. 방송국 직원이 신호를 보내면 때맞춰서 라이카가 짖게 해 달라는데, 가능하겠소?"

엘레나는 속으로 안도의 한숨을 쉬며 말했습니다.

"담당 조련사인 야코프가 있으면 얼마든지 가능하지요."

"야코프와 함께 미리 연습을 해 봐요. 서기장님이 계신 자리에서 신호가 안 맞으면 큰 낭패니까. 그럼 잘 부탁하오."

세상에서 가장 크고 장엄한 이별

1957년 10월 27일 일요일

낮 12시, 모스크바 국영 라디오 방송에서 흐루쇼프 서기장의 자신에 찬 목소리가 소련 전체에 울려 퍼지고 있었습니다.

"친애하는 소련 인민 여러분! 우리 위대한 조국의 자랑스러운 과학자들은 미국보다 훨씬 앞선 세계 최고의 기술을 나날이 선보이고 있습니다. 미국인들은 생각도 하지 못한 인공위성 스푸트니크 1호가 이미 지구 상공을 날아다니고 있으며, 곧 다가올 볼셰비키 혁명 40주년 기념일에는 또 하나의 인공위성 스푸트니크 2호가 우주로 발사될 것입니다! 뿐만 아니라 스푸트니크 2호는 살아 있는 생명체를 태우고 갑니다! 역사상 최초로 궤도 비행을 하게 될 생명체, 소련의 앞선 과학을 상징하는 자랑스러운 우리의 개, 바로 라이카입니다!"

흐루쇼프의 연설이 끝나자 방송실 커튼 뒤에 숨어 있던 야코프가 밖으로 나왔고, 그 모습을 본 라이카는 미리 준비해 둔 마이크 앞에서 큰 소리로 짖었습니다.

"멍! 멍! 멍!"

바로 그 순간부터 라이카는 세계적으로 유명한 개가 되었습니다. 자꾸 짖는다고 야코프가 무심결에 지어 준 이름이 과학 역사에 길이 남게 된 것입니다. 그날 야코프는 흐루쇼프 서기장을 비롯한 높은 정치인들과 저명한 과학자들을 직접 보면서 자신이 거대한 조직의 작은 일원임을 실감했습니다. 그리고 짖는 소리 하나로 소련의 모든 국민들에게 감격을 안겨 준 라이카는 더 이상 한 사람의 보살핌만을 받는 존재가 아니었습니다. 라이카는 거스를 수 없는 어떤 거대한 힘에 떠밀려 이곳까지 온 것 같았습니다.

"라이카, 이제 너는 나 같은 일개 조련사가 감히 함부로 다룰 수 없는 대단한 존재가 된 거야. 그러니까 더 이상 너를 붙잡지 않을

게. 너를 사랑하지 않아서가 아니야. 네가 너무 높은 곳으로 올라가서 내가 따라갈 수 없는 거란다."

1957년 10월 28일 월요일

이제 내일이면 라이카는 로켓을 발사하기로 되어 있는 카자흐스탄의 바이코누르 우주 기지로 떠나야 합니다. 아침부터 라이카는 무중력 상태에서 강제로 혈액을 순환시키기 위해 혈압 조절기*를 혈관에 직접 연결하는 복잡한 수술을 받았습니다. 수술이 끝난 후, 야코프는 마취가 덜 깬 채 관리실로 돌아온 라이카의 몸을 쓰다듬으면서 나지막이 중얼거렸습니다.

"라이카, 지금 내가 가장 궁금한 게 뭔지 아니? 이 길이 마지막이라는 걸 네가 알고 있다면 어떤 말을 남기고 싶은지, 나한테 어떤 작별 인사를 하고 싶은지, 그게 정말 알고 싶어."

~~~~~~~~~~~~~~~~

혈압 조절기
몸에 압력을 가하여 피가 강제로 순환되도록 만들어 주는 장치를 혈압 조절기라고 합니다. 사람의 몸은 지구의 중력에 맞춰 진화해 왔기 때문에, 중력이 달라지면 여러 가지 부작용이 나타납니다. 특히 우주선이 빠르게 가속되면 중력이 커져서 피가 제대로 돌지 않게 되는데, 이런 경우에 대비하여 우주인은 혈압 조절기가 부착된 우주복을 입어야 합니다(초음속 전투기 조종사도 마찬가지입니다). 그러나 1957년은 우주복이 개발되기 전이었고 라이카는 굳이 살아서 돌아올 필요가 없었기 때문에, 소련의 과학자들은 혈압 조절기를 라이카의 몸에 직접 달았습니다.

잠시 후 야즈도프스키 박사와 수술복을 입은 엘레나가 방으로 들어와 라이카의 상태를 살폈습니다.

"이 정도면 수술은 잘된 것 같군. 오늘이 마지막이니까 밤을 새우고 지켜야 하네."

"네, 알겠습니다."

그러자 엘레나가 야즈도프스키 박사에게 눈짓을 보냈습니다.

"박사님, 아까 얘기했던 일 야코프한테 말씀하셔야지요."

"아, 그거 말인가? 글쎄, 어찌해야 할지 난 잘 모르겠네."

"우주선이 발사되는 마지막 순간까지 라이카가 스트레스를 받지 않고 편하게 있으려면 야코프가 반드시 곁에 있어야 한다고요."

"그렇긴 한데, 발사 기지에 조련사를 데리고 간 사례가 아직 없어서……."

"기술적인 처리는 다 끝났잖아요. 이제 우리에게 필요한 사람은 연구원이 아니라 라이카를 편하게 해 줄 사람이에요. 개를 위해서가 아니라 임무의 성공을 위해서, 야코프는 꼭 같이 가야 한다고 생각해요."

야즈도프스키 박사가 잠시 망설이다가 고개를 끄덕였습니다.

"엘레나의 생각이 정 그렇다면…… 그래요, 그렇게 합시다."

야즈도프스키 박사는 연구실로 돌아가고, 엘레나는 야코프를 향해 윙크를 보냈습니다. 야코프도 고개를 숙인 채 가볍게 웃으며 고맙다는 표시를 했습니다. 그래 봐야 이별이 며칠 더 연기된 것뿐이었지만, 야코프에게는 너무나 소중한 시간이었습니다.

1957년 10월 30일 수요일

바이코누르 우주 기지는 중앙아시아의 황량한 벌판에 자리 잡고 있었습니다. 바람이 얼마나 매섭고 추운지, 수건을 물에 적시면 금방 얼어서 마치 유리를 접어 놓은 것처럼 보일 정도였습니다. 야즈도프스키 박사를 포함한 여섯 명의 일행은 라이카와 예비 후보 알비나를 데리고 어제 이곳에 도착하여 허름한 숙소에 각자 짐을 풀었습니다. 수도와 난방 등 기초 시설이 제대로 갖춰져 있지 않고 어디를 가나 총을 멘 군인들이 삼엄한 경계를 펼치고 있어서 일행 모두 몸과 마음이 편하지 않았지요. 숙소의 창문을 열면 먼 발치에서 로켓 발사대가 손톱만 하게 보였는데, 야코프는 일부러 그쪽을 바라보지 않으려고 애를 썼습니다.

그날 저녁, 야즈도프스키 박사가 일행을 불러 모아 놓고 상황을 설명했습니다.

"내일이 로켓을 조립하는 날인데, 그때부터 라이카는 로켓 꼭대기에 얹힐 노즈콘* 속에 들어가 있어야 하오."

엘레나가 깜짝 놀랐습니다.

"네? 내일부터 들어가 있어야 한다고요? 발사는 11월 7일 아닌가요?"

"원래 계획은 그랬는데, 그때쯤 날씨가 나빠진다는 예보가 있어서 며칠 당겨질 것 같소. 정확한 날짜는 아직 모르오."

"그래도 그렇지, 아무리 라이카라고 해도 그 좁은 공간에서 며칠을 어떻게 버티라는 말이에요?"

"어차피 발사하면 일주일 이상 견뎌야 하오. 아무튼 내일 로켓을 조립하는 현장으로 라이카를 데려가야 하는데, 우리 쪽에서는

노즈콘
우주선의 제일 꼭대기에 얹혀 있는 뾰족한 원뿔 모양의 캡슐을 노즈콘이라고 합니다[노즈(nose)는 '코'라는 뜻이고 콘(cone)은 '원뿔'이라는 뜻입니다. 그러니까 노즈콘은 '원뿔 모양의 코'라는 뜻이지요]. 우주선의 몸통은 연료로 가득 차 있어서 연료를 다 쓴 후에는 자동으로 떨어져 나가고, 마지막까지 남아서 궤도를 도는 부분이 바로 노즈콘입니다. 그러니까 인공위성은 조그만 노즈콘 속에 들어 있고, 우주선의 나머지 부분은 거대한 연료 탱크인 셈이지요.

연구원 두 명만 입장이 허용되었소. 나는 세 명이 가야 한다고 주장했지만 그쪽 담당자가 한마디로 거절하더군. 그래서 어쩔 수 없이 나와 엘레나가 가야 할 것 같소. 미안하네, 야코프."

야코프는 상심한 표정으로 고개를 떨궜고, 옆에 서 있던 엘레나는 손을 지그시 잡으며 야코프를 위로해 주었습니다.

"오늘이 진짜 마지막 날이니, 오늘 밤은 야코프 자네가 라이카를 데리고 있게."

"네, 알겠습니다. 감사합니다."

숙소로 돌아온 야코프는 이별의 상실감과 긴장감이 마구 섞여서 마음이 몹시 심란했습니다. 오늘이 라이카와 함께하는 마지막 날인데, 해 줄 것이 아무것도 없었습니다. 무사귀환을 바라며 라이카를 위해 만들었던 개 목걸이도 이제는 소용없게 되었습니다. 모스크바 공항에서 비행기를 탈 때는 라이카와 함께 올 수 있어서 다행이라고 생각했지만, 막상 와서 보니 일분일초가 흐를수록 이별의 상실감은 더욱 커져만 갔습니다.

"라이카, 유기견 수용소에서 우리가 처음 만났던 날 기억나니?

그때 내가 너를 데려가야 한다고 우겼잖아. 그리고 너를 놓쳐서 한바탕 추격전을 벌였지. 생각나니?"

라이카는 긴 여행에 지친 듯 바닥에 엎드려 꾸벅꾸벅 졸고 있었습니다.

"그때 좀 더 빠르게 뛰지 그랬니? 막다른 골목에 갇혔을 때 나를 물고 도망갈 수도 있었잖아. 왜 그렇게 쉽게 포기한 거야?"

야코프는 마치 사람과 이야기를 나누듯 잠든 라이카를 향해 중얼거리며 하얗게 밤을 새웠습니다.

1957년 10월 31일 목요일

야즈도프스키 박사와 엘레나가 아침 일찍 라이카를 데리러 야코프의 숙소로 찾아왔습니다. 야코프는 라이카에게 젤리 음식을 먹인 후 엘레나에게 넘겨주었습니다.

이것이 마지막인데, 라이카와 이별할 때 미안하고 안타까운 마음을 전하고 싶었는데, 모든 것이 너무나 빨리, 허망하게 끝나 버렸습니다. 두 사람이 라이카를 데리고 떠나고, 야코프는 멀어져 가는 자동차를 바라보며 참았던 눈물을 떨구었습니다.

"안녕, 라이카. 널 끝까지 지켜 주지 못해서 정말 미안해. 안녕……."

숙소로 돌아온 야코프는 예비 후보로 같이 왔던 알비나를 데리고 로켓 발사대가 잘 보이는 쪽으로 산책을 나갔습니다. 아직은 로켓이 설치되지 않아서 엉성해 보이긴 했지만, 그곳은 라이카가 지구를 떠나게 될 마지막 장소였습니다. 야코프는 발사대를 바라보며 앞으로 라이카가 겪게 될 일을 자세히 떠올려 보았습니다. 그런데 로켓이 우주 공간에 도달하고 난 후에는 어떤 일이 벌어질지 상상이 가지 않았습니다.

"알비나, 넌 우주에 여러 번 가 봤다면서? 거긴 어떤 곳이니? 목숨을 걸고 갈 정도로 가치가 있었니? 춥거나 외롭진 않았니? 라이카가 그곳에 가면 얼마나 견딜 수 있겠니?"

알비나는 걱정 말라는 듯 야코프의 손을 핥아 주었습니다.

"넌 정말 운이 좋은 녀석이야. 로켓을 세 번이나 탔고 이번에도 후보로 뽑혔는데 이렇게 살아 있잖아? 라이카는 평생 딱 한 번 뽑혔을 뿐인데……."

야코프는 더 이상 말을 잇지 못하고 눈을 감아 버렸습니다.

1957년 11월 1일 금요일

라이카와 함께 있을 때에는 발사대 쪽을 쳐다보지 않으려고 애를 썼지만, 오늘 야코프는 하루 종일 창가에 서서 그곳만 뚫어지게 바라보았습니다. 라이카를 태운 로켓이 언제 발사대에 도착할지 알 수 없었기 때문입니다. 그러나 오늘도 발사대에는 아무런 변화가 없습니다.

지금쯤 라이카는 아무런 영문도 모른 채 좁디좁은 노즈콘 속에 갇혀 있을 겁니다. 이번에도 훈련인 줄 알고 끝나는 시간만을 기다리고 있겠지요. 저녁때가 되자 야코프는 그동안 쌓였던 피로가 한꺼번에 몰려와 침대에서 새우잠이 들었습니다. 그런데 잠시 후에 누군가가 숙소로 들어와서 야코프를 세게 흔들어 깨웠습니다.

"야코프, 야코프! 빨리 일어나요!"

깜짝 놀라 일어나 보니 침대 옆에 엘레나가 서 있었습니다.

"어? 어떻게 된 겁니까? 벌써 발사했나요?"

"아니요. 일단 빨리 나와요. 밖에 차가 기다리고 있어요!"

야코프는 서둘러 외투를 입고, 가방 속에서 보온병을 꺼내 외투 주머니에 넣었습니다. 시계를 보니 밤 12시가 다 되어 가고 있었지요. 두 사람을 태운 자동차는 발사대를 향해 빠르게 달렸습니다.

"라이카가 심각한 스트레스 징후를 보이고 있어요. 지금 상태로는 발사가 어려울 정도예요."

"노즈콘 안에 들어가 있습니까?"

"네, 하지만 아직 문은 열어 놓은 상태예요. 겁에 질린 라이카를 안정시키려고 기술자들이 무진 애를 쓰고 있는데, 별 효과가 없어서 당신을 불러오기로 한 거예요."

한참을 달리던 자동차는 어느덧 로켓 발사대 앞에 도착했습니다.

1957년 11월 2일 토요일

야코프의 눈앞에 펼쳐진 광경은 현대 과학의 집합체, 바로 그것이었습니다. R-7이라고 새겨진 거대한 로켓이 발사대에 우뚝 서 있고, 사방에 지지대와 통로가 어지럽게 연결되어 있는 것이, 도무지 이 세상 물건이 아닌 것 같았습니다. 그 로켓의 까마득한 꼭대기에 얹혀 있는 스푸트니크 2호 위성 안에 지금 연약한 라이카가 타고 있는 것입니다. 엘레나는 반쯤 넋이 나간 야코프를 끌고 엘리베이터가 있는 쪽으로 달려갔습니다. 그런데 그 앞에서 총을 든 군인이 길을 막아서며 물었습니다.

"한 사람만 들어갈 수 있소. 누가 들어갈 거요?"

엘레나는 야코프의 등을 떠밀며 말했습니다.

"가세요. 가서 라이카를 편안하게 보내 주세요."

야코프가 선실 안으로 들어서자 너무도 귀에 익은 소리가 요란하게 들려왔습니다.

"멍! 멍! 멍!"

그 주변에는 대여섯 명의 과학자들이 라이카의 상태를 일일이 모니터로 확인하며 바쁘게 움직이고 있었습니다. 야코프가 어찌할 바를 몰라 머뭇거리고 있는데, 코롤료프가 다가와 말을 건넸습니다.

"어이, 지난번에 봤던 조련사 친구로군. 라이카가 출발을 앞두고 하도 긴장을 해서 자네를 불렀다네. 5분 안에 저 녀석을 진정시켜야 하는데, 할 수 있겠나?"

야코프는 뛰는 가슴을 억누르며 노즈콘이 있는 쪽으로 다가갔습니다. 그 내부는 생전 처음 보는 이상한 기계 장치들로 가득 차 있었고, 제일 아래쪽 좁디좁은 공간에는 라이카가 온갖 전선과 호스에 연결된 채 야코프를 향해 마구 짖고 있었습니다. 야코프는 코롤료프에게 조심스럽게 물었습니다.

"저, 라이카한테 소고기 수프를 조금 줘도 되겠습니까?"

"허허, 이 친구 꽤나 감상적이군그래. 딱 한 입만이야. 그 이상은

안 되네."

야코프는 보온병 뚜껑에 소고기 수프를 조금 따라서 라이카에게 가져갔습니다.

라이카는 야코프의 품에 뛰어들려고 기를 썼지만 줄에 묶여 있어서 그럴 수가 없었지요. 야코프는 수프를 라이카의 입에 갖다 대면서 아무도 듣지 못하게 작은 소리로 말했습니다.

"라이카, 라이카……. 이제 다 됐어. 이걸로 모든 훈련은 끝난 거야. 그러니까 더 이상 참지 않아도 돼. 알겠지? 참지 말란 말이야……."

어느새 야코프의 얼굴은 눈물로 범벅이 되어 있었습니다.

"고통스러우면 그냥 눈을 감아. 그래도 나는 널 사랑할 거야. 영원히……."

라이카는 수프에 관심도 없는 듯, 연신 야코프의 손을 핥고 있었지요. 잠시 후 한 과학자가 모니터를 보며 말했습니다.

"됐어요. 개의 상태가 정상으로 되돌아오고 있습니다!"

그러자 코롤료프가 간단한 명령을 내렸습니다.

"봉합 실시."

세상에서 가장 크고 장엄한 이별

그것으로 끝이었습니다. 기술자들이 다가와 라이카가 들어 있는 캡슐의 창문을 닫았습니다. 그러고는 문이 열리지 않도록 나사로 단단히 조이더니, 바깥에 있는 철문까지 굳게 닫아 버렸습니다.

1957년 11월 3일 일요일 새벽 5시 29분
……3, 2, 1, 발사!

라이카가 갑니다.

우주로 진출하려는 인류의 꿈을 싣고 라이카가 날아갑니다.

수많은 과학자들의 땀이 고

스란히 담겨 있는 거대한 우주선을 타고, 돌아올 수 없는 길을 떠나갑니다.

주인의 사랑 말고는 아무것도 필요 없었던 라이카가 이 세상에서 가장 크고 장엄한 이별을 고하고 있습니다.

우주로 간 개는 라이카가 처음도 아니고 마지막도 아니었지만, 돌아올 수 없는 로켓을 타고 지구를 떠나간 생명체는 그전에도, 그 후에도 없었습니다.

야코프와 함께 있기 위해 그 모진 고통을 참아 냈던 라이카…….

이제 세상에서 가장 높은 곳으로 떠올랐으니, 하늘나라로 가기도 그만큼 쉬웠을 겁니다.

라이카의 별

1957년 11월 11일 월요일, 항공 의학 연구소

엘레나가 아침 일찍 출근해서 연구실로 들어가 보니, 눈에 익은 보온병과 개 목걸이가 책상 위에 가지런히 놓여 있었습니다. 굳이 확인을 하지 않아도 야코프가 연구소를 떠났다는 것을 금방 알 수 있었지요. 야코프처럼 개를 잘 이해하고 개를 사랑하는 사람은 애초부터 이런 일이 어울리지 않았을지도 모릅니다. 엘레나는 '우주개 라이카'라고 새겨진 목걸이를 만지작거리며 깊은 생각에 잠겼습니다.

그날 오후, 엘레나가 퇴근을 하는데 정문 앞에서 경비원이 말을 건넸습니다.

"수의사님, 아까부터 어떤 아이가 현관 앞에서 당신을 찾으며 기다리는데, 아는 아이입니까?"

바깥쪽을 바라보니 처음 보는 여자아이가 한 손에 신문을 들고 서 있었습니다. 엘레나는 아이에게 다가가 물었습니다.

"넌 누구니?"

"저기, 혹시 신문에 났던 엘레나 알렉산드로브나예요?"

"그래. 근데 무슨 일로 나를 찾아왔지?"

여자아이는 들고 있던 신문을 엘레나에게 보여 주었습니다. 거기에는 스푸트니크 2호와 관련된 기사와 함께 라이카의 사진이 크게 실려 있었습니다.

"이 개의 이름이 라이카라고 하던데, 왠지 제가 아는 개 같아서요."

"그래? 네가 라이카를 어떻게 알아?"

아이는 주머니 속에서 꼬깃꼬깃 접은 종이 한 장을 꺼내 펼쳐

보였습니다. 거기에는 갈색 머리에 꼬리가 말려 있는 조그만 강아지 한 마리가 그려져 있었지요. 그 순간, 엘레나의 눈이 휘둥그레지면서 종이를 뺏어 들고 그림 속의 강아지를 뚫어지게 바라보았습니다.

"그 강아지는 3년 전에 제가 키웠던 쿠드랴프카예요. 이사하던 날 잃어버렸는데, 그 후로 여러 곳을 돌아다녀 보았지만 결국 찾지 못했어요."

그랬습니다. 라이카는 그 옛날 나탈리아가 손수 우유를 먹여 키웠던 작고 약한 강아지, 쿠드랴프카였습니다. 엘레나는 그림을 품에 안은 채 현관 앞에 쭈그리고 앉아 한동안 고개를 들지 못했습니다.

"신문에 난 개가 쿠드랴프카 맞지요? 저는 사진을 보고 한눈에 알아봤어요."

엘레나는 간신히 일어나 그림을 다시 한 번 들여다보고는 아이에게 물었습니다.

"넌 이름이 뭐니?"

"나탈리아라고 해요."

"그래, 나탈리아. 아주 잘 와 줬어. 네 덕분에 라이카가 원래 이름을 찾았구나. 쿠드랴프카……."

"역시 쿠드랴프카가 맞군요! 그 앤 지금 어디 있어요? 로켓을 타고 우주로 갔다던데, 언제 돌아오나요?"

"…… 나탈리아, 집이 어디야? 언니가 바래다줄게."

"그럼 가면서 쿠드랴프카 얘기를 해 주세요! 그동안 편하게 잘 지냈나요? 사람들 말은 잘 들었고요?"

"그럼, 아주 착하면서도 아주아주 특별한 개였단다."

"장화 속에 숨지는 않았나요? 그 애는 갓난아기 때부터 좁고 어두운 곳을 아주 좋아했거든요."

"그래, 그랬을 거야. 당연히 그랬겠지……. 이야기가 좀 길어질 텐데, 괜찮겠니?"

나탈리아가 환하게 웃으며 대답했습니다.

"괜찮아요. 여기서 우리 집까지 걸어가려면 한 시간도 더 걸릴 걸요?"

"그럼 가면서 얘기해 줄게. 너한테 줄 선물도 있단다."

두 사람은 눈이 하얗게 쌓인 거리를 다정하게 걸어갔습니다. 처음 만난 사이인데, 마치 오래전부터 알고 있었던 것처럼 친근감이 느껴졌지요. 어느새 도시에는 어둠이 깔리고, 영롱한 별들이 하나둘씩 나타나기 시작했습니다. 바로 그때, 동쪽 지평선 근처에서 별처럼 생긴 무언가가 서서히 하늘을 가로질러 날아가고 있었습니다. 우연히 그 광경을 본 사람들은 유성이라고 생각했고, 또 어떤 사람들은 비행기라고 생각하면서 별다른 관심을 갖지 않았습니다. 그 후로 그 별은 저녁때나 새벽 동틀 무렵이 되면 가끔씩 나타나서 하늘을 가로질러 날아가다가, 다섯 달이 지난 어느 날부터는 두 번 다시 나타나지 않았습니다. 그리고……

그 별이 라이카의 몸을 싣고 궤도를 돌던 라이카의 별, 즉 스푸트니크 2호 위성이었다는 사실을 아는 사람은 거의 없었습니다.

 나가는 말

　1995년의 어느 날, 저는 소련의 우주개발사에 관한 책을 읽다가 라이카라는 특별한 개를 알게 되었습니다. 당시 과학동화를 쓰기 위해 자료를 찾던 저는 그 이야기에 흠뻑 매료되어 라이카가 주인공으로 등장하는 동화책을 쓰기로 마음먹었습니다. 그런데 막상 글을 써 나가다 보니 개의 습성에 대해 아는 것이 별로 없어서 자세한 부분을 채워 넣기가 쉽지 않았습니다. 그래서 몇 달 동안 개 훈련소와 동물병원을 찾아다니면서 자료를 수집했는데, 그것만으로는 성에 차지 않더군요. 역시 가장 좋은 방법은 개를 직접 키워 보는 것이었지요. 그래서 저는 개를 파는 시장으로 가서 강아지 한 마리를 데려왔습니다.

　그날 데려온 강아지는 흔한 잡종견이었지만 사람을 워낙 좋아해서 얼마 후에는 저와 눈만 마주쳐도 마음이 통할 정도로 가까운 친구가 되었습니다. 이쯤 되었으니 미뤘던 글을 써야 하는데,

강의와 번역 등 평소 하던 일에 얽매여서 차일피일 미뤄지고, 성견이 된 강아지는 어느덧 제 삶의 일부가 되었습니다.

이 글을 완성했던 즈음에 그 개는 15살이었습니다. 사람으로 치면 90살이 넘은 나이지요. 그래도 그 녀석이 내 곁을 떠나기 전에 책이 나왔다는 사실에 만족하며 졸고 있는 녀석 앞에서 책을 읽어 줬던 기억이 납니다. 그 개의 이름은 삼순이, 체중은 라이카와 똑같은 6.3킬로그램에 좁은 구석을 파고드는 성격도 라이카와 비슷했습니다. 주인이 혼자 외로울까 봐 병든 몸을 추스르며 끝까지 제 곁을 지키다가 17살이 되던 해에 라이카가 사는 동네로 영원히 이사를 가 버린 녀석…… 그래서 저는 새 옷을 입고 재출간된 이 책을 주저 없이 삼순이에게 바치고자 합니다.

개를 사랑하는 사람들은 라이카의 이야기에 눈시울을 적시곤 합니다. 자기를 보살펴 주던 주인과 영문도 모른 채 생이별을 하고 돌아오지 못할 길을 떠나갔으니, 정말 안타까운 사연이 아닐 수 없습니다. 하지만 과학자들은 라이카 덕분에 우주 비행에 관한 값진 데이터를 얻었고, 그로부터 4년 후에는 사람을 우주로 보낼 수 있었습니다. 우주뿐만 아니라 온갖 질병의 치료제를 개발할 때에도 수많은 동물들이 실험용으로 희생되고 있지요. 인간을 위해 동물을 희생시키는 행위를 반대하는 사람도 있지만, 그 덕분에 항공 우주과학과 의학 분야에서 거둔 성과를 생각하면 마냥 반대하기도 어렵습니다. 여러분의 생각은 어떤가요? 이 책을 덮은 후에 한 번쯤 생각을 정리해 봐도 괜찮을 것입니다.

러시아 사람들은 라이카의 고마움을 아직도 잊지 않고 있습니다. 사람을 대신해서 위험한 임무를 수행하고 떠나간 라이카를 기리기 위해 기념우표도 발행하고, 멋진 동상도 세워 주었습니다. 우주를 향한 인류의 열망이 식지 않는 한, 라이카는 우주 시대를 개척한 주인공으로 우리 가슴속에 영원히 살아 있을 것입니다.

라이카를 기리는 기념우표

부록

별이 된 우주개들의 역사

1950~1960년대에 소련의 우주개발은 철저한 보안 아래 이루어졌고 개발 초기에는 아예 개의 이름을 남겨 놓지 않았기 때문에, 어떤 개가 언제 어떤 우주선을 탔는지 정확한 명단은 알 길이 없습니다. 지금은 여러 곳에 흩어져 있는 단편적인 기록을 모아서 '가장 그럴 듯한 추측'만 할 수 있을 뿐입니다. 아래의 표는 가장 믿을 만한 자료에 근거하여 1951~1966년 동안 우주에 다녀온 개의 이름을 정리한 것입니다. 이름 뒤에 *표가 붙은 개들은 안타깝게도 비행 도중 불의의 사고로 돌아오지 못하거나 사망한 채로 돌아온 개입니다(단, 라이카는 처음부터 돌아오지 못할 예정으로 우주선에 태워진 유일한 개였습니다).

비행 날짜		우주개 이름
1951년	7월 22일	치간(Tsygan), 데지크(Dezik)
	7월 29일	리사(Lisa)*, 데지크*
	8월 15일	미쉬카(Mishka), 치지크(Chizhik)
	8월 19일	스멜라야(Smelaya), 리지크(Ryzhik)
	8월 28일	미쉬카*, 치지크*

	9월 3일	네퓨테비(Neputevyy), 지브(ZIB)
	7월 2일	리사-2, 리지크
1954년	7월 7일	담카(Damka, 사진 오른쪽), 리지크
	7월 26일	리사-2, 리지크*
	1월 25일	알비나(Albina), 치간카(Tsyganka)
1955년	2월 5일	리사-2*, 불바(Bulba)*
	11월 4일	말리쉬카(Malyshka), 크놉카(Knopka)
1956년	5월 14일	알비나, 코즈야프카(Kozyavka, 사진)

1956년	5월 31일	말리쉬카(Malyshka), 린다(Linda, 사진 가운데)
	6월 7일	알비나, 코즈야프카
1957년	5월 16일	르지하야(Rzyhaya), 담카
	5월 24일	르지하야★, 드지호이나(Dzhoyna)★
	8월 25일	벨카(Belka), 모드니차(Modnitsa)
	11월 3일	라이카(Laika)★
1958년	8월 2일	쿠사츠카(Kusachka), 팔마(Palma)
	8월 13일	쿠사츠카, 팔마

별이 된 우주개들의 역사 129

1958년	8월 27일	벨리앙카(Belyanka), 페스트라야(Pestraya)
	9월 17일	두 마리(담카와 코즈야프카로 추정됨)
	10월 31일	두 마리(담카와 코즈야프카로 추정됨)
1959년	7월 2일	오트바즈나야(Otvazhnaya), 스네진카(Snezhinka)
	7월 10일	오트바즈나야, 젬추즈나야(Zemchuznaya)
1960년	6월 15일	오트바즈나야, 말레크(Malek)
	6월 24일	오트바즈나야, 젬추즈나야
	7월 28일	차이카(Chaika)*, 리시치카(Lisichka)*
	8월 19일	벨카, 스트렐카(Strelka)

1960년	9월 16일	팔마, 말레크
	9월 22일	오트바즈나야, 네바(Neva)
	12월 1일	프첼카(Pchelka)★, 무쉬카(Mushka)★
	12월 22일	코메타(Kometa), 슈트카(Shutka)
1961년	3월 9일	체르누쉬카(Chernushka, 사진 왼쪽)
	3월 25일	즈베즈도츠카(Zvezdochka, 사진 오른쪽)
1966년	2월 22일	우골레크(Ugolek), 베테로크(Veterok)

여기 적힌 모든 개들도 각자 나름대로 사연을 갖고 있습니다. 그중에는 라이카 못지않게 극적인 사건을 겪은 개들도 있는데, 기회가 된다면 그 이야기도

소개하고 싶군요. 이 많은 개들이 혹독한 훈련을 이겨 내고 선발대로 우주에 다녀온 덕분에, 인류의 우주 시대는 비로소 막을 올릴 수 있었습니다. 이 개들은 지금쯤 하늘나라에서 '우주개 클럽'의 회원으로 특별 대우를 받고 있지 않을까 생각해 봅니다.

우주선에서 보내온 라이카의 마지막 모습